期货交易者教育系列丛书

燃料油期货

中国期货业协会　编

中国财经出版传媒集团
中国财政经济出版社
北京

图书在版编目（CIP）数据

燃料油期货／中国期货业协会编. --北京：中国财政经济出版社，2024.4

（期货交易者教育系列丛书）

ISBN 978-7-5223-2659-7

Ⅰ.①燃…　Ⅱ.①中…　Ⅲ.①燃料油-期货交易-基本知识　Ⅳ.①F830.9

中国国家版本馆 CIP 数据核字（2024）第 013634 号

责任编辑：贾延平　　　　责任校对：张　凡

封面设计：王　颖　　　　责任印制：党　辉

燃料油期货

RANLIAOYOU QIHUO

中国财政经济出版社 出版

URL：http：//www.cfeph.cn

E-mail：cfeph@cfeph.cn

社址：北京市海淀区阜成路甲 28 号　邮政编码：100142

营销中心电话：010-88191522　编辑部电话：010-88190957

天猫网店：中国财政经济出版社旗舰店

网址：https：//zgczjjcbs.tmall.com

中煤（北京）印务有限公司印刷　各地新华书店经销

成品尺寸：170mm×230mm　16 开　13 印张　200 000 字

2024 年 4 月第 1 版　2024 年 4 月北京第 1 次印刷

定价：38.00 元

ISBN 978-7-5223-2659-7

（图书出现印装问题，本社负责调换，电话：010-88190548）

本社质量投诉电话：010-88190744

打击盗版举报热线：010-88191661　QQ：2242791300

《期货交易者教育系列丛书》
编委会

前　言

我国期货市场经过30多年发展，经历了从无到有、从小到大、从乱到治，走出了一条独具特色的道路，取得了令人瞩目的成就。30多年来，期货市场的规则体系不断完善，品种创新有序推进，风险管理工具进一步丰富，对外开放进程明显加快。期货市场的规模稳步扩大，市场交易者结构逐步优化，资产管理和风险管理等创新业务探索取得初步成效。期货市场整体运行质量和效率不断提高，发现价格、管理风险和配置资源的基础功能得到发挥，在服务实体经济、促进产业升级、助力乡村振兴和维护国家经济金融安全等方面发挥着越来越重要的作用。

随着我国期货市场规模的不断发展壮大，新的市场参与者特别是个人交易者呈持续上升趋势。交易者是期货市场的重要主体，期货市场的发展离不开交易者的积极参与。中小投资者是我国现阶段资本市场的主要参与群体，但处于信息弱势地位，抗风险能力和自我保护能力较弱，合法权益容易受到侵害。维护中小投资者合法权益是证券期货监管工作的重中之重，关系广大人民群众的切身利益，是资本市场持续健康发展的基础。因此，当前我国期货市场正处于快速发展时期，做好期货交易者教育工作意义深远。

2013年，《国务院办公厅关于进一步加强资本市场中小投资者合法权益保护工作的意见》（以下简称《意见》）发布，指出要强化中小投资者教育，加大普及证券期货知识力度。将投资者教育逐步纳入国民教育体系，有条件的地区可以先行试点。充分发挥媒体的舆论引导和宣传教育功能。证券期货经营机构应当承担各项产品和服务的投资者教育义务，保障费用支出和人员配备，将投资者教育纳入各业务环节。提高投资者风险防范意识。自律组织应当强化投资者教育功能，健全会员投资者教育服务自律规则。中小投资者应当树立理性投资意识，依法行使权利和履行义务，养成良好投资习惯，不听信传言，不盲目跟风，提高风险防范意识和自我保护能力。2019 年 3 月，中国证监会、教育部联合印发了《关于加强证券期货知识普及教育的合作备忘录》（以下简称《合作备忘录》），旨在学校教育中大力普及证券期货知识，推动全社会树立理性投资意识，提升国民投资理财素质，维护社会和谐稳定。2022 年 8 月 1 日，《期货和衍生品法》正式施行，确立了期货交易者权益保护制度。

随着《意见》的深入贯彻和落实，我国中小投资者保护工作取得了积极成效，围绕期货交易者教育工作，期货市场的监管部门、自律组织与中介机构都深入进行了大量形式多样、内容丰富、卓有成效的工作。由中国期货业协会组织编写的本套《期货交易者教育系列丛书》，就是协会按照行政监管部门统一部署，贯彻落实期货交易者教育工作的重要措施之一，也是协会积极响应《关于加强证券期货知识普及教育的合作备忘录》要求，推动期货知识进校园、进课堂、纳入国民教育体系的切入点。本丛书是为期货交易者编写的一套普及性读物，以广大普通交易者为服务对象，兼顾了专业机构的需求，采取简单明了的问答体例，在语言上力争做到深入浅出、通俗易懂、可读性强。衷心地希望本丛书的出版能够为期货交易者了解期货市场、树立风险意识、理性参与期货交易提供有益的帮助。

在此，我们对所有在本丛书编写和出版过程中付出辛勤劳动的朋友表示衷心感谢。由于编写时间紧迫，书中错误和疏漏在所难免，恳请读者批评指正。

中国期货业协会

2024 年 4 月

目　录

第一章

认识燃料油与低硫燃料油期货

本章要点

燃料油与低硫燃料油期货已成为我国能源类期货的重要组成部分。在本章中，我们首先从现货属性出发，明确燃料油与低硫燃料油在现货市场上的定义与属性，对与期货市场更为密切的船用燃料油进行了更为详细的阐述。其次，我们对燃料油与低硫燃料油期货的合约设置、交易交割等重要关注点进行了说明，并对两个期货品种进行了对比分析。以上内容都为后面进一步对燃料油与低硫燃料油期货市场进行分析和操作奠定了基础。

在明确了相关定义之后，需要特别注意的是，本书中在谈及现货市场时所指“燃料油”口径相对较宽，包括了高硫燃料油与低硫燃料油，在对它们的细分市场进行分析时，均细分为高硫燃料油或低硫燃料油，但在谈及国内期货市场时所指“燃料油期货”仅指上海期货交易所上市的燃料油期货，与上海国际能源交易中心上市的低硫燃料油期货需区分对待。

一、什么是燃料油？

燃料油的定义有广义与狭义之分，广义上的燃料油是指用作各种类型工业燃烧设备的重质燃料，不包括汽油和轻柴油。狭义上的燃料油主要指原油蒸馏、裂化等过程中在汽油、柴油、煤油等轻中质组分分离后产生的残渣油，这也是石油产业链中最常用的定义。本书在谈及燃料油质量、用途等现货属性时所指燃料油主要体现这一定义。

燃料油具有黏度大，含非烃化合物、胶质、沥青质多的特点，作为炼油工艺过程中的最后一种产品，燃料油产品质量控制有较强的特殊性，其产品的形成受到原油品种、加工工艺、加工深度等多重因素制约。

近年来，随着船用燃料油逐步成为燃料油消费端的主要领域，全球衍生品市场的燃料油标的主要是以渣油为主要组分，进一步调和出的符合一定质量标准的船用燃料油，因此，期货市场所说的燃料油多指船用燃料油，且根据主要调油组分的硫含量的高低常将船用燃料油区分为高硫船用燃料油与低硫船用燃料油（见图 1－1）。

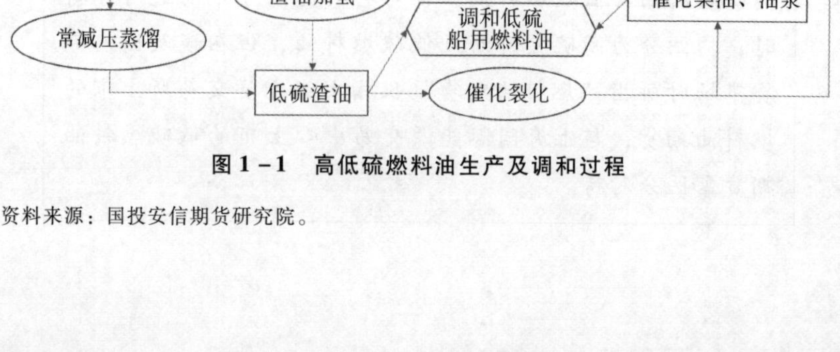

图 1－1　高低硫燃料油生产及调和过程

资料来源：国投安信期货研究院。

二、燃料油的主要用途有哪些?

相对其他能源，燃料油易于储存和运输，热值较高，长期以来作为船舶运输中的能源，是炼化、工业制造等的最重要的动力来源。除了用作船舶燃料外，燃料油还主要用于炼化、工业制造、电力等行业。21世纪初，全球流通中的燃料油消费结构中，占比最大的是用作炼厂深加工原料，其次为船舶燃料、工业燃料及发电。

近年来，随着炼厂装置不断升级，轻质油收率不断提高，燃料油作为原料进行加工的需求逐步减少。另外，大部分国家的环保意识不断提高，燃料油型电厂陆续被淘汰，工业及发电用燃料油的需求也部分被清洁能源替代，唯有船用油市场需求稳中有升。当前，船用燃料油在燃料油消费结构中占比最大。

我国燃料油消费结构也经历了从发电、炼化主导到船用主导的演变。随着国内燃油发电机组的不断淘汰，此前一度占国内燃料油需求中近40%的燃料油发电需求已基本退出舞台，地炼原油进口和使用双权放开，也使燃料油作为深加工原料的炼化需求大幅降低，2020年后，船用燃料油领域在我国燃料油消费中的占比已稳定超过50%。

三、燃料油的主要质量指标有哪些?

燃料油的主要技术指标有黏度、硫含量、闪点、水分、灰分和机械杂质等。

（一）黏度

黏度是燃料油最重要的性能指标，是划分燃料油等级的主要依据。黏度是度量流动性阻抗能力的指标，它的大小表示燃料油的易流性、易泵送性和易雾化性能的好坏。目前，国内较常用的燃料油是40℃运动黏度（馏分型燃料油）和100℃运动黏度（残渣型燃料油）。之前，我国燃料油行业标准用恩氏黏度（80℃、100℃）作为质量控制指标，用80℃运动黏度来划分牌号。油品运动黏度是油品的动力黏度和密度的比值。运动黏度的单位是Stokes，即斯托克斯，简称斯。流体的动力黏度为1泊，密度为1克/立方厘米的燃料油的运动黏度为1斯托克斯。CST是Centistokes的缩写，意思是厘斯，即1斯托克斯的百分之一。

（二）硫含量

燃料油中的硫含量过高会使金属设备被腐蚀，并产生环境污染。根据含硫量的高低，燃料油可以划分为高硫、中硫和低硫燃料油。

（三）闪点

闪点是涉及使用安全的指标，闪点过低有火灾隐患。

（四）水分

水分的存在会影响燃料油的凝点。随着含水量的增加，燃料油的凝点逐渐上升。此外，水分还会影响机械的燃烧性能，水分过高，可能会造成炉膛熄火、停炉等事故。

（五）灰分

灰分是燃烧后剩余不能燃烧的部分，特别是催化裂化循环油和油浆掺入燃料油后，硅铝催化剂粉末会使泵、阀磨损加速。另外，灰分还会覆盖在锅炉受热面上，使锅炉的传热性变差。

（六）机械杂质

机械杂质会堵塞过滤网，造成抽油泵磨损和喷油嘴堵塞，影响正常燃烧。

四、燃料油有哪几种类别？

中国石油化工总公司于 1996 年参照国际上使用最广泛的燃料油标准（即美国材料试验协会（ASTM）标准中的 ASTMD396－92 燃料油标准）制定了我国的行业标准 SH/T 0356－1996。

按照质量指标分类，依据 SH/T 0356－1996 标准，我国燃料油分为 1 号、2 号、4 号轻、4 号、5 号轻、5 号重、6 号和 7 号共 8 个牌号（见表 1－1）。

表 1－1　我国燃料油分类标准

项目		质量指标							
		1 号	2 号	4 号轻	4 号	5 号轻	5 号重	6 号	7 号
运动黏度/（mm^2/s）									
40℃	不小于	1.3	1.9	1.9	5.5	—	—	—	—
	不大于	2.1	3.4	5.5	24	—	—	—	—
100℃	不小于	—	—	—	—	5	9	15	—
	不大于	—	—	—	—	8.9	14.9	50	185
闪点（开口）（℃）	不低于	—	—	—	—	—	—	—	130
闪点（闭口）（℃）	不低于	38	38	38	55	55	55	60	—
倾点（℃）	不高于	－18	－6	－6	－6	—	—	5	—
水和沉淀物（%）	不大于	0.05	0.05	0.5	0.5	1	1	2	3
硫含量（%）	不大于	0.5	0.5	—	—	—	—	—	—

船用燃料油是在传统燃料油的基础上进行再加工而成的调和油品，其品质必须符合船舶内燃机使用的各项要求，否则容易给内燃机造成较大的安全隐患。因为期货市场的燃料油主要为船用燃料油，所以对船用燃料油进行分类对期货市场参与者更为重要。

我国参照 ISO 8217 国际标准制定的船用燃料油国家标准 GB 17411 规

定，船用燃料油分为 DM 组（Diesel Marine，馏分型船用燃料油）和 RM 组（Residual Marine，残渣型船用燃料油）。馏分型船用燃料油主要是以轻油成分为主的油品，根据密度和十六烷值等质量指标分为四种，分别为 DMX（相当于 -10#轻柴油）、DMA（相当于 0#轻柴油）、DMZ（介于 DMA、DMB 之间）、DMB（相当于 5#轻柴油）。馏分型燃料油的称谓还有 MGO（Marine Gas Oil）和 MDO（Marine Diesel Oil）等不同的说法，它们都是柴油馏分，但黏度有所区别，MGO 是轻柴油，适用于高速柴油机，MDO 是重柴油，适用于中速柴油机。通常来说，馏分型燃料油主要为短距离航行的中小型船舶提供动力，或用于船舶的辅机发电。

残渣型船用燃料油是以重质渣油为主要成分的油品，根据 7 个黏度档、6 个质量档，共分为 11 个品牌号，分别为 RMA10、RMB30、RMD80、RME180、RMG180、RMG380、RMG500、RMG700、RMK380、RMK500、RMK700，牌号中的数字即表示 50℃运动黏度，发动机马力越大要求的黏度越高，最高可达到 700CST。在低硫燃料油大幅推广之前，180CST、380CST 燃料油是市场上的主流品种。残渣型船用燃料油用于低速柴油机，或者与馏分型燃料油混合后用于低速柴油机，主要用于国际运输船舶以及沿海、沿江运输量较大的船型。

一般认为，燃料油国家质量标准规定的 1 号与 2 号为馏分型燃料油，4 号轻和 4 号燃料油为重质馏分型燃料油或馏分型燃料油和残渣型燃料油的混合，5 ~ 7 号燃料油为残渣型燃料油。

根据供应对象，船用燃料油可分为保税船用燃料油和内贸船用燃料油，两个市场相对独立，保税船用燃料油具体是指为进出我国的国际航线运营船舶供应的燃料油，进口和销售均免征税费，储存在指定的保税油专用油库，由海关实施保税监管，内贸燃料油是指为内贸船舶供应的燃料油。

根据硫含量，船用燃料油可分为Ⅰ、Ⅱ、Ⅲ三个等级，分别为硫含量不大于 3.5%、0.5%、0.1%。近年来，一般把至少符合Ⅱ级标准即硫含量 0.5% 以下的燃料油称为低硫燃料油，把仅符合Ⅰ级标准即硫含量小于 3.5% 但大于 0.5% 的燃料油称为高硫燃料油（见图 1 - 2）。

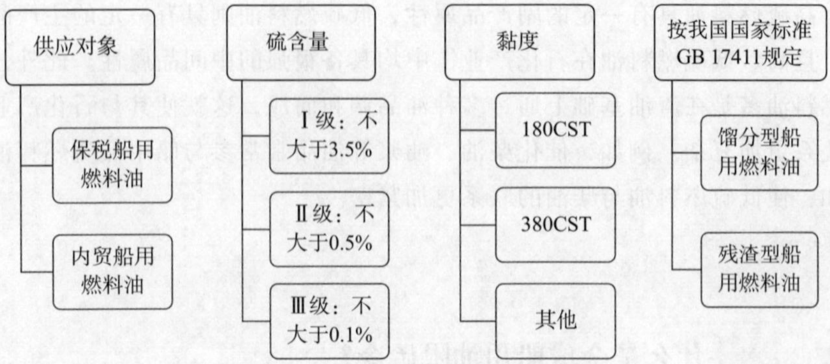

图 1－2　船用燃料油的分类标准

资料来源：国投安信期货研究院。

五、燃料油在石化产业链中的位置是怎样的？

作为原油常减压过程中的最后一道产品，传统意义上的燃料油价格一般较低，大部分时间内，每吨燃料油价格低于原油价格，是炼油厂典型的副产品。传统意义上的燃料油一般指高硫残渣型燃料油，常见的来源是含硫原油的常压及减压渣油。除了直接燃烧、调和船用燃料油等用途外，燃料油也可作为炼厂的深加工原料，主要是通过焦化装置进一步生产汽油、柴油等产品。

近年来，各领域对油品硫含量的要求日益趋严，低硫燃料油也成为燃料油体系中非常重要的一部分。少部分低硫燃料油直接通过低硫原油生产，但全球原油资源中的绝大部分不满足低硫原油的标准，因此绝大部分低硫燃料油的生产是在高硫燃料油的基础上进行渣油加氢脱硫而成的，这就决定了低硫燃料油具有较高的附加值，每吨低硫燃料油价格一般高于原油价格。另外，低硫燃料油经催化裂化装置可生成汽油、柴油等高附加值产品，催化裂化是炼厂常见装置，这决定了低硫燃料油和汽油、柴油的转产相对灵活。

高硫燃料油具有一定的副产品属性，低硫燃料油则具有一定的主产品属性，且高、低硫燃料油在石化产业链中均具备很强的中间品属性。此外，船用燃料油多是在渣油基础上通过多种油品调和而成，这就使其与石化产业链的关系更加复杂。例如，催化柴油、油浆等油品常常参与船用低硫燃料油的调和，使低硫燃料油与柴油的联系更加紧密。

六、什么是全球船用油限硫令？

1997 年 9 月，国际海事组织（IMO）修订了《国际防止船舶造成污染公约》（MARPOL73/78），决定新增 MARPOL73/78 公约附则Ⅵ《国际防止船舶造成大气污染规则》，对船舶排放的 SOx、NOx 等大气污染物的排放量进行限制，并规定了排放控制区，此后该公约经多次修订。

2008 年 10 月，国际海事组织海上环境保护委员会（MEPC）第 58 次会议通过附则Ⅵ修正案，规定自 2020 年 1 月 1 日起，在全球水域范围航行的船舶必须使用硫含量不超过 0.5% 的燃料油，并要求对 2020 年 1 月 1 日实施全球 0.5% 低硫燃料油标准的可行性进行评估，以决定是否有必要将该标准推迟至 2025 年 1 月 1 日实施。

2012 年，海上环境保护委员会决定自 2015 年 1 月 1 日起，船舶在包括波罗的海、北海等区域在内的排放控制区（ECA）内航行，必须使用硫含量低于 0.1% 的燃料油。

2016 年 10 月，海上环境保护委员会在第 70 次会议上通过决议，规定自 2020 年 1 月 1 日起，在全球水域范围航行的船舶必须使用硫含量不超过 0.5% 的燃料油（此前为 3.5%）。这一规定不改变国际海事组织针对 ECA 中船舶燃料油硫含量的规定。决议还对排放达标的两类措施作出规定：第一是直接使用硫含量不超过 0.5% 的船舶燃料油；第二是允许采用替代燃料或替代措施，例如液化天然气（LNG）及船用柴油，或采取尾气脱硫措施继续使用高硫船舶燃料油，但尾气排放应该与使用低硫船舶燃料油达到同等水平。

在国际海事组织海上环境保护委员会第73次会议上，海上环境保护委员会决定自2020年3月1日起，禁止船舶以燃烧为目的，携带不合规燃料油，除非船舶采用其他等效措施。这意味着除安装脱硫装置外，禁止船舶运载任何硫含量超过0.5%的燃料油。

国际海事组织出台的这一系列关于全球船用燃料油硫含量的规定，被业内普遍称为“全球船用油限硫令”，或IMO2020限硫令。限制要求的具体施行时间见图1-3。

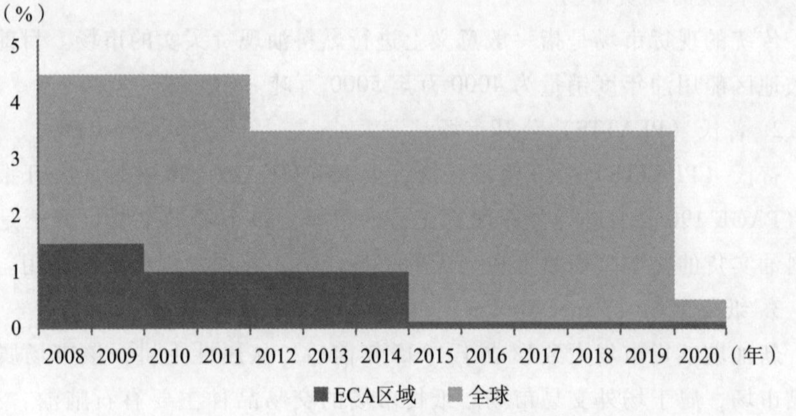

图1-3　全球船用油硫排放限制要求

七、全球有哪些主要的燃料油市场及相关市场？

目前，全球主要燃料油现货及期货市场分布于鹿特丹、美湾、地中海、中东及远东地区，每个地区均有主要参考的价格基准，但整体联动性较高，其中，新加坡依靠其现货市场的强大影响力，在国际燃料油市场居于十分重要的地位。此外，作为石油炼化末端产品，燃料油上游原油市场的变化对燃料油影响也非常大，部分成品油价格波动也会影响燃料油的价格。相关的市场包括芝加哥商品交易所集团旗下的纽约商业交易所（NYMEX）和洲际交易所（ICE）等。

（一）新加坡燃料油市场

新加坡依靠优越的地理位置、优良的港口作业条件、灵活的经济政策、注重石油交易市场的长期发展，成为亚洲的燃料油贸易中心。新加坡燃料油市场主要由三个部分组成：一是传统的现货市场；二是普氏（PLATTS）公开市场；三是纸货市场。

1. 传统的现货市场

传统的现货市场是指一般意义上进行燃料油现货买卖的市场。目前，新加坡地区船用油年度销量为4000万至5000万吨。

2. 普氏（PLATTS）公开市场

普氏（PLATTS）公开市场是指每天16：00—16：30在普氏公开报价系统（PAGE 190）上进行公开现货交易的市场。该市场的主要目的不是进行燃料油实货的交割，而是形成当天的市场价格，起到发现价格的作用。

3. 纸货市场（Paper Market）

新加坡纸货市场大致形成于1995年前后，从属性上讲，该市场属于衍生品市场，属于场外交易市场。纸货市场的交易品种主要有石脑油、汽油、柴油、航煤和燃料油。目前，新加坡燃料油纸货市场的市场规模超过现货市场的三倍，其中，投机交易大于保值交易。纸货市场的参与者主要有投资银行和商业银行、大型跨国石油公司、石油贸易商、终端用户。纸货市场的主要作用是提供一个避险场所，它的交易对象是标准合约，合约的期限最长可达5年，每手合约的数量为1000吨，合约到期后不进行实物交割，而进行现金结算，结算价格采用普氏公开市场最近一个月的加权平均价。纸货市场是一个场外交易市场，在过去，纸货市场的交易通常是一种信用交易，履约担保完全依赖于成交双方的信誉。近年来，燃料油纸货市场引入交易所结算，改善了信用基础，保障了资金安全，同时也降低了交易门槛，简化了交易手续。

（二）其他油品市场

目前，国际上有十余家交易所推出了原油期货。芝加哥商品交易所集团旗下纽约商业交易所（NYMEX）和洲际交易所（ICE）是影响力最大的两大原油期货交易中心，其对应的西得克萨斯中质原油（WTI）期货和北海布伦特原油（BRENT）期货分别扮演着美国和欧洲基准原油合约的角色。此外，迪拜商品交易所（DME）上市的阿曼原油（OMAN）期货和上海国际能源交易中心（INE）的上海原油期货（SC）也是全球主要原油期货合约。其他成品油期货品种还有馏分油、无铅汽油、瓦斯油、取暖油、燃料油、轻柴油等。

国际原油实货交易主要采取“基准价 ± 贴水”的计价方式。西得克萨斯中质原油（WTI）、北海布伦特原油（BRENT）、阿曼原油（OMAN）等期货交易价格经常被用作基准价。以西得克萨斯中质原油（WTI）期货合约为例，其规格为每手 1000 桶，报价单位为美元/桶，价格波动最小单位为 1 美分。目前，美洲地区出产的原油主要挂靠西得克萨斯中质原油（WTI）计价，包括美国的阿拉斯加北坡原油（ANS）、墨西哥的玛雅原油（MAYA）、厄瓜多尔的奥瑞特原油（ORIENTE）、委内瑞拉的圣芭芭拉原油（SANTA BARBARA）和阿根廷的埃斯克兰特原油（ESCALANTE）。挂靠北海布伦特原油（BRENT）的主要有西欧、地中海和西非地区出产的原油，比如俄罗斯的乌拉尔原油（URALS）、利比亚的萨里尔原油（SARIR）和尼日利亚的博尼轻质原油（BONNYLT）。挂靠迪拜（DUBAI）和阿曼原油（OMAN）的主要是中东地区出产的原油。

八、什么是燃料油期货与低硫燃料油期货？

燃料油期货与低硫燃料油期货是两种期货合约。期货合约是将来必须履行的合约，而不是具体的货物。合约的内容是统一的、标准化的，只有合约的价格会随各种市场因素的变化而发生大小不同的波动。这个合约对应的“货物”称为标的物，它是以合约符号来体现的。例如：FU2101 是一个期货合约符号，表示 2021 年 1 月交割的合约，标的物是燃料油。燃料油与低硫燃料油期货的交易者有转移价格波动风险的生产经营者和承受价格风险的投资者。期货交易由保证金制度等各项相关制度进行保障；在交易所内，期货合约依法公平竞争地进行交易。保证金制度的一个显著特征是用较少的钱做较大的买卖；保证金一般为合约值的 8% 至 20%。与现货交易和股票投资相比较，期货交易者在期货市场上投资的资金比在其他市场上投资的资金要少得多，俗称“以小博大”。期货交易的目的不是获得实物，而是规避价格风险或套利，商品所有权一般不转移。期货市场的基本功能在于为生产经营者提供套期保值、规避价格风险的手段，并通过公平、公开竞争形成公正的价格。

燃料油期货（见表 1－2）于 2004 年在上海期货交易所（以下简称上期所，SHFE）上市，上市后运行稳健，套期保值、价格发现功能发挥充分，曾是国内外 180CST 燃料油现货市场的主要参考标的之一。2009 年，受国内燃料油消费结构转变等因素的影响，上期所燃料油期货的成交逐渐萎缩，也就无法为实体经济提供便于管理风险的对冲工具。为顺应行业发展趋势，重新活跃燃料油期货市场，弥补国内保税燃料油定价机制的缺失，服务交通强国战略，上期所对燃料油期货合约进行了修订。2018 年 6 月 26 日，上期所正式发布通知，燃料油期货合约交割品级拟由 180CST 燃料油调整为保税 380CST 燃料油，保税 380CST 燃料油期货合约于 2018 年 7 月 16 日挂牌。燃料油期货重新起航后，逐渐推动形成合理、权威的远期市场价格，为燃料油生产、贸易、消费企业提供了风向标，帮助实体企业实现稳健运营，增强我国保税船用油行业的定价影响力，助力燃料油市场乃至整个石油市场的市场化进程。

表 1－2　　上海期货交易所燃料油期货合约

交易品种	燃料油
交易单位	10 吨/手
报价单位	元（人民币）/吨（交易报价为不含税价格）

续表

最小变动价位	1元/吨
涨跌停板幅度	上一交易日结算价±5%
合约月份	1—12月
交易时间	上午9：00—11：30，下午1：30—3：00和交易所规定的其他交易时间
最后交易日	合约月份前一月份的最后一个交易日；交易所可以根据国家法定节假日调整最后交易日
交割日期	最后交易日后连续三个工作日
交割品级	RMG 380船用燃料油（硫含量为Ⅰ级、Ⅱ级）或者质量优于该标准的船用燃料油（具体质量规定见下文）
交割地点	交易所指定交割地点
最低交易保证金	合约价值的8%
交割方式	实物交割
交割单位	10吨
交易代码	FU
上市交易所	上海期货交易所

2020年，全球船用油限硫令正式生效，船用燃料油市场主要用油从高硫燃料油逐渐切换至低硫燃料油。为助力我国船用燃料油市场的稳健发展，2020年6月22日，低硫燃料油期货在上期所子公司上海国际能源交易中心（INE）正式挂牌交易。低硫燃料油期货的上市，可帮助航运企业和船供油企业进行套期保值，为实体企业管理价格风险提供了可靠的避险工具。同时，境内外投资者的广泛参与，使期货市场的价格发现功能得到充分发挥，重塑了亚太地区的低硫燃料油定价机制，提升了我国大宗商品的价格影响力。

上海期货交易所燃料油期货合约附件

交割单位：燃料油期货合约的交割单位为10吨，交割数量必须是交割单位的整倍数。

质量规定：RMG380船用燃料油（硫含量为Ⅰ级、Ⅱ级）或者质量优于该标准的船用燃料油，是指由石油制取的烃类均匀混合物，不排除为改善燃料油的某些性能和特点而加入的添加剂。上海期货交易所燃料油质量标准见

表1－3。燃料油应不含无机酸和使用过的润滑油，不能含有可能导致船舶使用异常的任何物质。燃料油中不应人为地加入可能产生危及船舶安全或者对机械操作性能产生不利影响、损害身体健康、增加空气污染的任何添加物或者化学废料。具体的升贴水标准由交易所另行规定并公告。

表1－3　　上海期货交易所燃料油质量标准

项目	RMG380 指标	试验方法
运动黏度（50℃，mm^2/s）	不大于 380.0	ASTM D445
密度（15℃，kg/m^3）	不大于 991.0	ASTM D1298
碳芳香度指数（CCAI）	不大于 870	ISO8217：2017（E）
硫含量（%） Ⅰ级 Ⅱ级	 不大于 3.50 不大于 0.50	 ASTM D4294
闪点（闭口）（℃）	不低于 60.0	ASTM D93
硫化氢（mg/kg）	不大于 2.00	IP570
酸值（以 KOH 计）（mg/g）	不大于 2.5	ASTM D664
总沉淀物（热老化法）（%）	不大于 0.10	ASTM D4870
残碳（%）	不大于 18.00	ASTM D189/D4530
倾点（℃）	不高于 30	ASTM D97
水分（V/V，%）	不大于 0.50	ASTM D95
灰分（%）	不大于 0.100	ASTM D482
钒（mg/kg）	不大于 350	IP501
钠（mg/kg）	不大于 100	IP501
铝＋硅（mg/kg）	不大于 60	IP501
净热值（cal/g）	不小于 9500	ASTM D240
使用过的润滑油（ULO）（mg/kg） 钙和锌 钙和磷	燃料油应不含 ULO。符合下述条件之一，认为燃料油含有 ULO：钙 > 30 且锌 > 15，钙 > 30 且磷 > 15	IP501
相容性（级）	不高于 2	ASTM D4740

需要注意的是，交易所会依据需要对交割质量指标进行一些补充调整，如自 2023 年 8 月 1 日开始，上期所燃料油交割品检验要求，在标准合约附

件质量标准基础上调整关于苯乙烯、苯酚、4-枯基苯酚的检验项目。

上海国际能源交易中心低硫燃料油期货标准合约见表1-4。

表1-4　上海国际能源交易中心低硫燃料油期货标准合约

指标	内容
交易品种	低硫燃料油
交易单位	10吨/手
报价单位	元（人民币）/吨（交易报价为不含税价格）
最小变动价位	1元（人民币）/吨
涨跌停板幅度	不超过上一交易日结算价±5%
合约交割月份	1月至12月
交易时间	上午9：00—11：30，下午1：30—3：00以及上海国际能源交易中心规定的其他交易时间
最后交易日	交割月份前第一个月的最后一个交易日（遇国家法定节假日、休息日顺延；上海国际能源交易中心可以根据国家法定节假日、休息日调整最后交易日）
交割日期	最后交易日后连续5个交易日
交割品质	低硫船用燃料油（具体质量规定见下文）
交割地点	上海国际能源交易中心指定交割仓库
最低交易保证金	合约价值的8%
交割方式	实物交割
交易代码	LU
上市机构	上海国际能源交易中心

上海国际能源交易中心低硫燃料油期货标准合约附件

交割单位：低硫燃料油期货标准合约的交割单位为10吨，交割数量应当是交割单位的整数倍。

交割品质：用于实物交割的低硫船用燃料油，质量应当符合上海国际能源交易中心低硫燃料油质量标准（见表1-5）。低硫船用燃料油，是指由石油制取的烃类均匀混合物，不排除为改善低硫船用燃料油的某些性能和特点而加入的添加剂。低硫船用燃料油应不含无机酸和使用过的润滑油，不能含有可能导致船舶使用异常的任何物质。低硫船用燃料油中不应人为地加入可能产生危及船舶安全或对机械操作性能产生不利影响、损害身体健康、增加空气污染的任何添加物或化学废料。具体的升贴水标准，由上海国际能源交易中心另行规定并公告。

表1－5　　上海国际能源交易中心低硫燃料油质量标准

项目	限度	试验方法
运动黏度（50℃，mm^2/s）	不大于380.0 不小于100.0	ASTM D445
密度（15℃，kg/m^3）	不大于991.0 不小于925.0	ASTM D1298
碳芳香度指数（CCAI）	不大于870	ISO8217：2017（E）
硫含量（%）	不大于0.50	ASTM D4294
闪点（闭口）（℃）	不低于60.0	ASTM D93
硫化氢（mg/kg）	不大于2.00	IP570
酸值（以KOH计）（mg/g）	不大于2.5	ASTM D664
总沉淀物（热老化法）（%）	不大于0.10	ASTM D4870
残碳（%）	不大于18.00	ASTM D4530
倾点（℃）	不高于30	ASTM D97
水分（V/V,%）	不大于0.50	ASTM D95
灰分（%）	不大于0.100	ASTM D482
钒（mg/kg）	不大于350	IP 501
钠（mg/kg）	不大于100	IP 501
铝＋硅（mg/kg）	不大于60	IP 501
净热值（cal/g）	不小于9500	ASTM D240
使用过的润滑油（ULO）（mg/kg） 钙和锌 钙和磷	燃料油应不含ULO。符合下述条件之一，认为燃料油含有ULO： 钙＞30且锌＞15，钙＞30且磷＞15	IP501
相容性（级）	不高于2	ASTM D4740
清洁度	不高于2	
苯乙烯（mg/kg）	不大于50	GB/T 6041
苯酚（mg/kg）	不大于50	

九、我国燃料油与低硫燃料油期货市场经历了哪些发展阶段？

1993 年初，中国原上海石油交易所推出了石油期货交易。到 1994 年初，日平均交易量已超过世界第三大能源期货市场——新加坡国际金融交易所，在国内外产生了重大影响。但是，不久之后，我国实行了石油政府统一定价，于是石油期货暂停交易。在之后的日子里，我国的石油期货市场一直处于空白阶段。

2004 年 8 月 25 日，燃料油期货在上海期货交易所（SHFE）挂牌上市。作为中国期货市场清理整顿以来第一个批准上市的期货交易品种，燃料油期货是当时国内唯一的能源期货品种，也是建立我国石油期货市场的切入点。

2008 年 12 月 23 日，燃料油期货迎来首次巅峰阶段，成交量达历史新高 90.55 万手。2009 年，燃料油期货成交量达 4575.4 万手，在全球能源类期货中排名第五。

然而，2009 年，我国燃料油消费税大幅提高，现货市场消费结构发生巨大变化。高昂的燃料油成本令发电成本提升，与此同时，在电力市场，其他替代性燃料对燃料油的市场份额形成不断挤压的态势，现货市场需求疲软。现货市场的转变使燃料油期货市场的热度出现转折，2010 年，燃料油交易规模大幅降低，全年累计成交合约 2136.44 万手，同比降低 76.65%。

为顺应行业发展趋势，上期所于 2011 年将合约交割标的由工业用 180 燃料油调整为 180CST 内贸船用燃料油。合约交易单位也由每手 10 吨调高至每手 50 吨。然而，燃料油期货成交持续低迷。2012 年 5 月 24 日，燃料油期货首现零成交。

2017 年燃料油期货进入合约修订阶段。2017 年 8 月 15 日，上期所发布通知，要求自9月1日起收盘结算时，燃料油期货合约的交易保证金水平由20%调整为40%，交易手续费由成交金额的万分之零点二调整为千分之二。上期所将保证金水平提高1倍，交易手续费提高了100倍，旨在保障合约和规则修改期间的市场平稳运行。

2018年6月26日，上期所发布燃料油期货合约及业务规则修订案，交割品级由180CST燃料油调整为保税380CST船用燃料油。自2018年6月27日起，已挂牌的燃料油期货合约终止交易。

2018年7月16日，上期所挂牌交易保税380燃料油期货合约，交易采用“净价交易、保税交割、人民币计价”的交易模式。合约修订之后，燃料油期货活力再现，2018年合约的成交量在全球能源类期货中排第十五名，2019年排名上升为第四。

2020年1月1日，国际海事组织全球船用油限硫令（IMO2020）正式实施，船用燃料油市场主要用油从高硫燃料油（硫含量3.5%）逐渐切换至低硫燃料油（硫含量0.5%）。为顺应市场变化，助力我国船用燃料油市场稳健发展，2020年6月22日，低硫燃料油期货在上海期货交易所子公司上海国际能源交易中心（以下简称上期能源）正式挂牌交易，采用“国际平台、净价交易、保税交割、人民币计价”的模式，全面引入境外交易者参与，成为上期所第三个国际化期货品种，也是我国第五个国际化期货品种。

低硫燃料油期货上市以后，上期能源推出了多项举措，如跨境交收、仓单直供等机制，并联手浙江国际油气交易中心推出了以低硫燃料油期货结算价为基准的中国舟山低硫燃料油保税船供升贴水报价，与上海石油天然气交易中心联合发布了中国上海燃料油保税船供报价，期货价格的应用场景被不断拓宽。

2021年9月16日，上期能源发布修订后的低硫燃料油期货标准合约及相关实施细则，自2022年3月1日起实施。本次修订对交割品级及期货仓单有效期设置进行了优化。截至2022年底，高、低硫燃料油期货的成交量和持仓量均稳步增长。据期货业协会（FIA）2022年统计，燃料油和低硫燃料油期货成交量，在全球能源类衍生品合约的排名分别为第二、第十三。

十、上海燃料油与低硫燃料油期货的交割流程是什么？

（一）参与交割的主体及其参与方式

包括燃料油及低硫燃料油期货在内，通常来说，交割业务的参与者包括交易所、会员、客户、指定交割仓库、指定检验机构等。

低硫燃料油作为国际化品种，参与者还包括境外特殊参与者、境外中介机构等，其参与的主体及参与方式见图1-4。

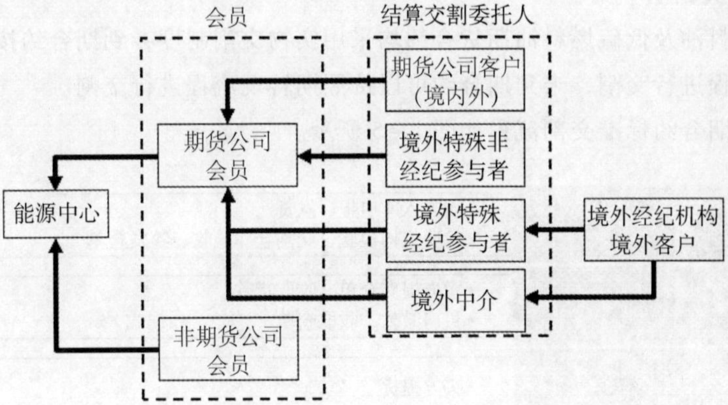

图1-4　低硫燃料油期货交割的参与主体及其参与方式示意图

另外，参与燃料油交割还需注意以下几点：

（1）会员应当直接到能源中心办理实物交割；

（2）会员的客户、委托会员结算的境外特殊参与者、委托会员交易结算的境外中介机构应当通过会员在能源中心办理实物交割；

（3）境外特殊经纪参与者、境外中介机构的客户，应当分别通过该境外特殊经纪参与者、境外中介机构办理实物交割；

（4）除能源中心另有规定外，不能交付或者接受能源中心规定发票的客户不得参与实物交割。

（二）交割方式

按照交割商品完税状态不同，期货合约的实物交割可以分为保税交割和完税交割。

燃料油及低硫燃料油期货均采用保税交割的方式，即以海关特殊监管区域或者保税监管场所内处于保税监管状态的燃料油及低硫燃料油作为交割标的物进行期货交割的方式。因而交割过程中也会使用保税标准仓单。

（三）交割流程

1. 交割基本流程

燃料油及低硫燃料油期货合约均采用实物交割制度，到期合约按照标准交割流程进行交割，未到期合约可以按照期转现流程进行交割。

到期合约标准交割流程如图 1-5 所示。

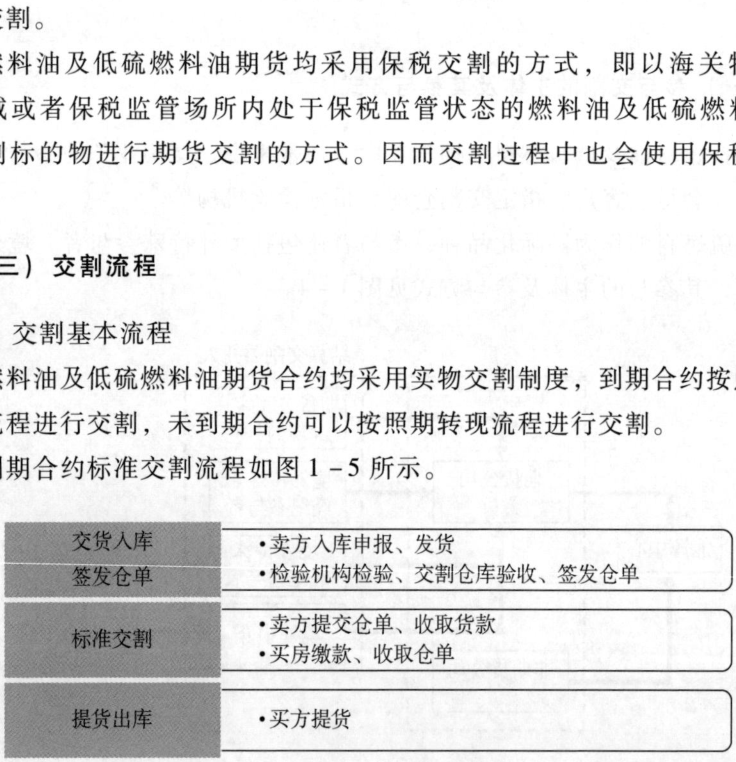

图 1-5　到期合约标准交割流程

2. 交货入库，签发仓单（见图 1-6）

燃料油入库的最小量为 1000 吨，低硫燃料油仓库标准仓单入库的最小量为 5000 吨。货主与指定交割仓库对入出库数量、提货数量另有约定的除外。

3. 标准交割

燃料油标准交割应当在期货合约最后交易日后的连续二个工作日内完

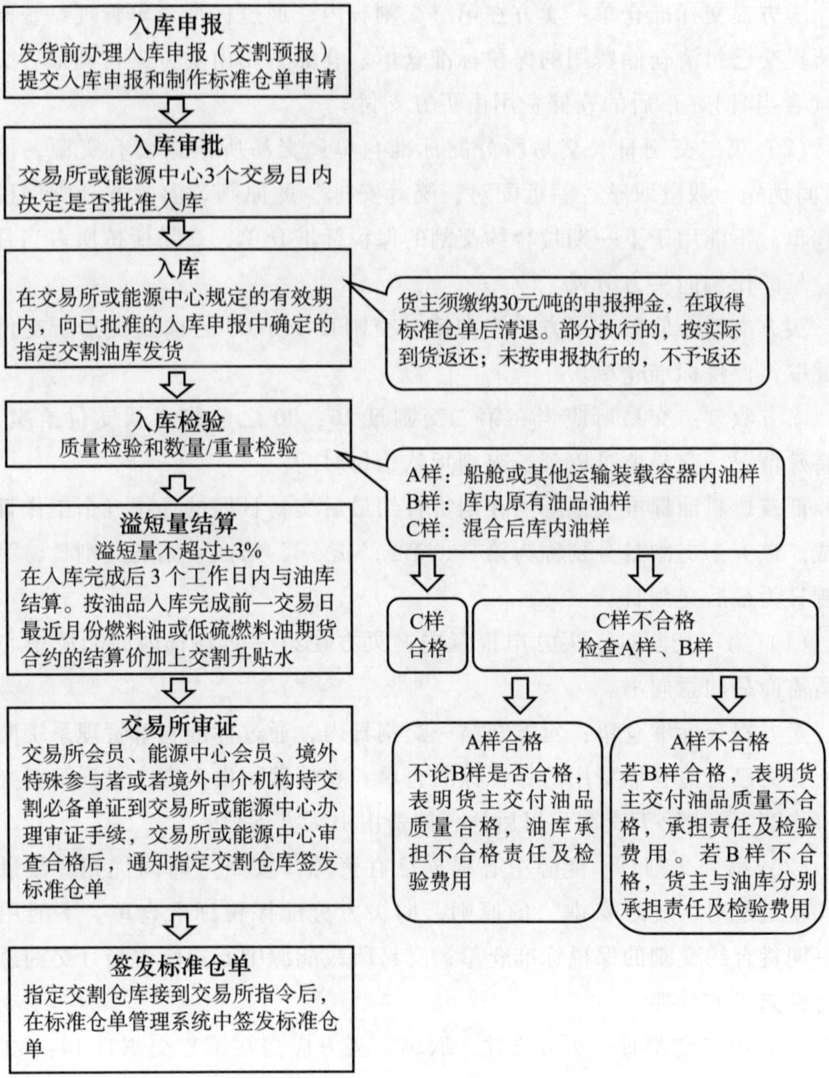

图1-6　交货入库、签发仓单流程

成。这两个工作日分别称为第一、第二交割日，第二交割日为最后交割日。

（1）第一交割日。买方申报意向：买方在第一交割日内向交易所提交所需商品的意向书，意向书内容包括品种、牌号、数量及指定交割仓库名等。

卖方提交标准仓单：卖方在第一交割日内，通过标准仓单管理系统向交易所提交已付清仓储费用的保税标准仓单。仓储费用由卖方支付到最后交割日（含当日），以后的仓储费用由买方支付。

（2）第二交割日。交易所分配标准仓单：交易所根据已有资源，按照“时间优先、数量取整、就近配对、统筹安排”的原则，向买方分配保税标准仓单。不能用于下一期货合约交割的保税标准仓单，交易所按所占当月交割总量的比例向买方分摊。

买方交款、取单：买方应当在第二交割日 14：00 之前到交易所交付货款并取得保税标准仓单。

卖方收款：交易所应当在第二交割日 16：00 之前将货款支付给卖方，遇特殊情况，交易所可以延长交割货款给付时间。

低硫燃料油标准交割应当在期货合约最后交易日后的连续五个工作日内完成。该五个交割日分别称为第一、第二、第三、第四、第五交割日，第五交割日为最后交割日。

（1）第一交割日。买方申报意向：买方在第一交割日内向能源中心提交所需商品的意向书。

卖方提交标准仓单：卖方在第一交割日内，通过标准仓单管理系统向交易所提交已付清仓储费用的保税标准仓单。仓储费用由卖方支付到第五交割日（含当日），第五交割日以后的仓储费用由买方支付。

（2）第二交割日。能源中心根据已有资源，按照“时间优先、数量取整、就近配对、统筹安排”的原则，向买方分配保税标准仓单。不能用于下一期货合约交割的保税标准仓单，交易所或能源中心按所占当月交割总量的比例向买方分摊。

（3）第三交割日。买方交款，取单。买方应当在第三交割日 14：00 之前到能源中心交付货款并取得保税标准仓单。

卖方收款。能源中心应当在第三交割日 16：00 之前将货款支付给卖方，如遇特殊情况，能源中心可以延长交割货款给付时间。

（4）第四、第五交割日。卖方向能源中心提交交割所对应的全部发票，发票的格式和内容应当符合能源中心的规定。

低硫燃料油具体的交割流程见图 1 – 7。

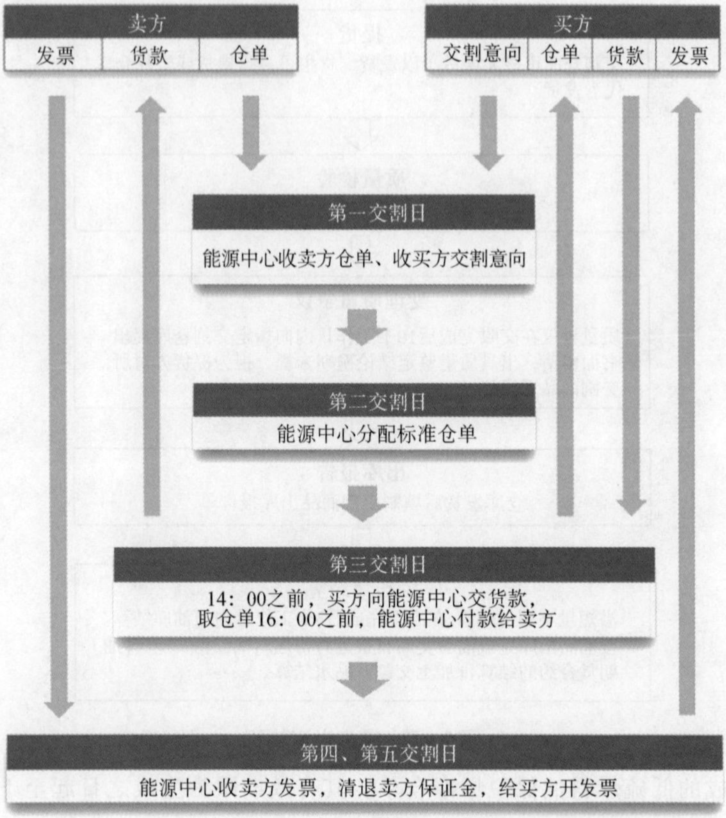

图 1－7　低硫燃料油交割流程

4. 提货出库

买方办理提货出库需要经历的步骤如图 1－8 所示。

（四）仓单有效期

燃料油保税标准仓单有效期为仓单生效年份的第二年的最后一个交割月份，超过期限的燃料油将转入现货油罐。例如，在 2021 年 1 月 1 日至 2021 年 12 月 31 日生成的仓单将统一在 2022 年 12 月 31 日进行注销。

低硫燃料油保税标准仓单的有效期则以每年 11 月 1 日（遇国家法定节假日、休息日顺延）为界，每年 11 月 1 日之前生成的标准仓单，其有效期限为生成之日起至当年 12 月 31 日，超过期限的转作现货。每年 11 月 1 日

提货
交割仓库审核无误后予以发货，货主可自行提货或委托仓库代为发货

↓

质量检验
交割油品质量和数量现场检验

↓

受理质量争议
质量异议在交收完成后10个工作日内向指定交割仓库提出书面申请，出具质量鉴定结论逾期未提，视为提货方对所交割商品无异议

↓

出库报告
仓库发货后填制交割商品出库报告单

↓

溢短量结算
溢短量不超过±3%,在出库完成后3个工作日内与油库结算。按油品出库完成前一交易日最近月份燃料油或低硫燃料油期货合约的结算价加上交割升贴水结算

图 1-8　提货出库流程

之后生成的低硫燃料油保税标准仓单，其有效期限为生成之日起至下一年度12 月 31 日，超过期限的转作现货。此外还要注意，与燃料油期货不同的是，低硫燃料油期货仓单来源除了进口和保税混兑外，国内出口退税货源也可用于交割。

十一、上海燃料油与低硫燃料油期货交割仓库及质检机构有哪些？

上海燃料油与低硫燃料油期货交割仓库及质检机构情况见表 1-6 至表 1-10。

表 1-6　　　　上海期货交易所燃料油指定交割油库

序号	指定交割油库名称	办公地址	存放地址
1	中化兴中石油转运（舟山）有限公司	浙江省舟山市定海区临城香山大桥东，中化兴中行政办公区	浙江省舟山市定海区临城香山岛
2	洋山申港国际石油储运有限公司	上海市浦东新区福山路 458 号同盛大厦 411、412 室	上海洋山深水港沈家湾
3	浙江海洋石油仓储有限公司	浙江省舟山市定海区岑港街道烟墩工业区 22 号	浙江省舟山市定海区岑港街道烟墩工业区 22 号
4	大鼎油储有限公司	浙江省舟山市定海区临城街道香山东路 496 号	浙江省舟山市定海区临城街道香山东路 496 号

注：1. 各指定交割油库之间不设运输升贴水。

2. 仓储费为人民币 1.4 元/吨·天。

表 1-7　　　　上海期货交易所燃料油期货指定质检机构

序号	指定检验机构名称	办公地址
1	中国检验认证集团检验有限公司	北京市朝阳区西坝河东里 18 号三元大厦 17 层
2	通标标准技术服务有限公司	北京市海淀区阜成路 73 号世纪裕惠大厦 16 层
3	上海东方天祥检验服务有限公司	上海市浦东新区金桥开发区桂桥路 1201 号T52-3-2 楼北
4	上海海关工业品与原材料检测技术中心	上海市浦东新区民生路 1208 号

表 1-8　　上海国际能源交易中心低硫燃料油期货指定交割仓库

序号	指定交割仓库名称	办公地址	存放地址
1	中化兴中石油转运（舟山）有限公司	浙江省舟山市定海区临城香山大桥东，中化兴中行政办公区	浙江省舟山市定海区临城香山岛
2	洋山申港国际石油储运有限公司	上海市浦东新区福山路 458 号同盛大厦 411、412 室	上海洋山深水港沈家湾
3	浙江海洋石油仓储有限公司	浙江省舟山市定海区岑港街道烟墩工业区 22 号	浙江省舟山市定海区岑港街道烟墩工业区 22 号

续表

序号	指定交割仓库名称	办公地址	存放地址
4	大鼎油储有限公司	浙江省舟山市定海区临城街道岙山东路496号	浙江省舟山市定海区临城街道岙山东路496号
5	山东省港口集团有限公司（青岛实华油库）	青岛市黄岛区油港三路一号	青岛市黄岛区黄岛街道办事处辽河路以北青岛实华原油码头有限公司液体化工码头

注：仓储费为人民币1.4元/吨·天。

表1-9　　　　低硫燃料油集团交割业务联系情况

集团名称	类型	名称	地址
中国石油国际事业集团	集团交割厂库	浙江自贸试验区中石油国际事业有限公司	中国浙江省舟山市定海区长峙岛香樟园A座15楼
	集团交割境外交收库	中国石油国际事业（新加坡）有限公司	One Temasek Ave，#27-00Millenia Tower，Singapore 039192
	集团交割境外交收库	中国石油国际事业（中东）有限公司	Level 29，Unit 30-34 Central Park Offices DIFC，Dubai，UAE
中石化燃料油集团	集团交割中心及厂库	中国石化浙江舟山石油有限公司	浙江省舟山市普陀区东港街道海洲路727号恒尊大厦11楼
	集团交割境外交收库	中石化燃料油（新加坡）有限公司	淡马锡道1号，#29-02美年大厦

表1-10　　　　低硫燃料油期货指定检验机构

序号	指定检验机构名称	办公地址
1	中国检验认证集团检验有限公司	北京市朝阳区西坝河东里18号三元大厦17层
2	通标标准技术服务有限公司	北京市海淀区阜成路73号世纪裕惠大厦16层
3	上海东方天祥检验服务有限公司	上海市浦东新区金桥开发区桂桥路1201号T52-3-2楼北
4	上海海关工业品与原材料检测技术中心	上海市浦东新区民生路1208号

注：本部分燃料油及低硫燃料油期货最新交割仓库、质检机构均以上期所、上期能源网站为准。

十二、上海燃料油与低硫燃料油期货涨跌停板设置及其对市场的影响?

（一）涨跌停板的概念

涨跌停板是指期货合约允许的日内价格最大波动幅度，超过该涨跌幅度的报价被视为无效，不能成交。

当某燃料油或低硫燃料油期货合约在某一交易日（该交易日称为D1交易日，以下几个交易日分别称为D2、D3、D4、D5、D6交易日）出现单边市，则该期货合约的涨跌停板幅度及交易保证金收取可参考表1-11。

表1-11　燃料油或低硫燃料油期货合约涨跌停板及保证金设置

	合约标准	现行标准	D1	D2	D3
涨跌停板幅度	5%	X%	X%	X% +3%	X% +5%
收盘时交易保证金	8%	Y%	Y%	X% +3% +2%	X% +5% +2%

注：保证金率遵循从高原则。

该期货合约若D2交易日未出现单边市，则D3交易日的涨跌停板、交易保证金比例恢复到正常水平。若D2交易日出现反方向单边市，则被视作新一轮单边市的开始，该日就是D1交易日。

D3交易日出现同方向单边市的，交易所或能源中心可以在D3交易日当日收市后按下列方式处理：

（1）D3交易日为该期货合约最后交易日的，该期货合约在下一交易日直接进入交割。

（2）D4 交易日为该期货合约最后交易日的，该期货合约在 D4 交易日继续交易，涨跌停板和交易保证金比例按照 D3 交易日的涨跌停板和保证金水平执行，并在下一交易日直接进入交割。

（3）决定并公告该期货合约在 D4 交易日继续交易，并采取调整涨跌停板，提高保证金等措施。若 D4 交易日未出现单边市，D5 交易日的涨跌停板幅度和交易保证金比例恢复到正常水平；若 D4 交易日出现反向单边市，被视作新一轮单边市的开始，该日即视为 D1 交易日；若 D4 交易日出现同方向单边市，交易所或能源中心可以宣布为异常情况，并按规定采取风控措施。

（4）在 D4 交易日暂停交易一天，并根据市场情况决定对该期货合约实施下列两种措施中的任意一种。

措施一：D4 交易日，交易所或能源中心决定并公告在 D5 交易日采取单边或双边、同比例或不同比例、部分会员或全部会员提高交易保证金，暂停部分会员或全部会员开新仓，调整涨跌停板幅度，限制出金，限期平仓，强行平仓等措施中的一种或多种化解市场风险，但调整后的涨跌停板幅度不超过 20%。在交易所或能源中心宣布调整保证金水平之后，保证金不足者应当在 D5 交易日开市前将保证金追加到位。若 D5 交易日该期货合约的涨跌幅度未达到当日涨跌停板，则 D6 交易日该期货合约的涨跌停板和交易保证金比例均恢复正常水平；若 D5 交易日该期货合约的涨跌幅度与 D3 交易日同方向再达到当日涨跌停板，则交易所或能源中心宣布为异常情况，并按有关规定采取风险控制措施；若 D5 交易日该期货合约的涨跌幅度与 D3 交易日反方向达到当日涨跌停板，则被视作新一轮单边市的开始，该日即被视为 D1 交易日，下一日交易保证金额度和涨跌停板参照交易所或能源中心规定执行。

措施二：宣布进入异常情况并采取强制减仓措施。在 D4 交易日结算时，交易所或能源中心将 D3 交易日闭市时以涨跌停板价申报的未成交平仓报单，以 D3 交易日的涨跌停板价，与该合约净持仓盈利客户（或非期货公司会员，下同）按持仓比例自动撮合成交。同一客户持有双向头寸，则先平自己的头寸，再按上述方法平仓。

上述关于涨跌停板制度的内容可总结为图 1－9。

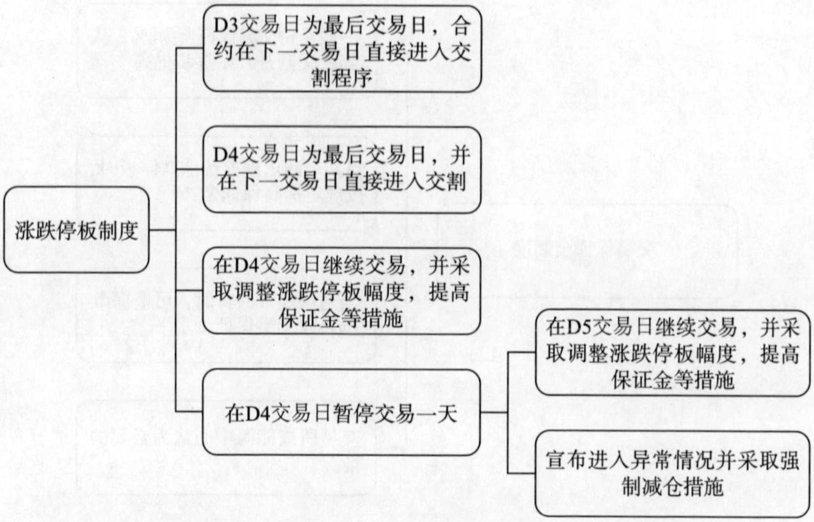

图 1－9　涨跌停板制度

（二）涨跌停板的主要作用

涨跌停板的设置为交易所、期货公司以及客户的日常风险创造了必要的条件，可以有效减缓和抑制突发事件和过度投机行为对期货价格的冲击，使期货价格在更加合理的轨道上运行。

十三、上海燃料油与低硫燃料油期货保证金设置及其对市场的影响?

（一）交易保证金的含义

交易保证金是指会员存入交易所或能源中心专用结算账户中确保合约履行的资金，是已被合约占用的保证金。交易保证金制度可以用图 1－10 来描述。

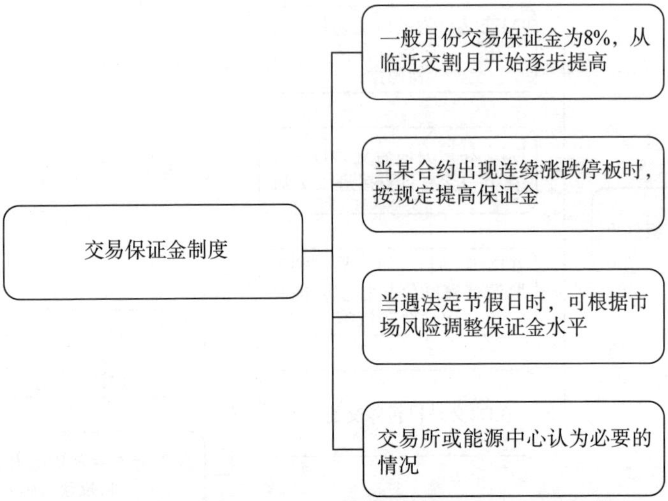

图 1-10 交易保证金制度

交易所或能源中心根据某一期货合约上市运行的不同阶段制定了不同的交易保证金收取标准，具体规定见表 1-12、图 1-11、表 1-13、图 1-12。

表 1-12 燃料油期货合约上市运行不同阶段的交易保证金收取标准

交易时间段	燃料油期货交易保证金比例
合约挂牌之日起	8%
交割月前第二月的第十个交易日起	10%
交割月前第一月的第十个交易日起	15%
最后交易日前第二个交易日起	20%

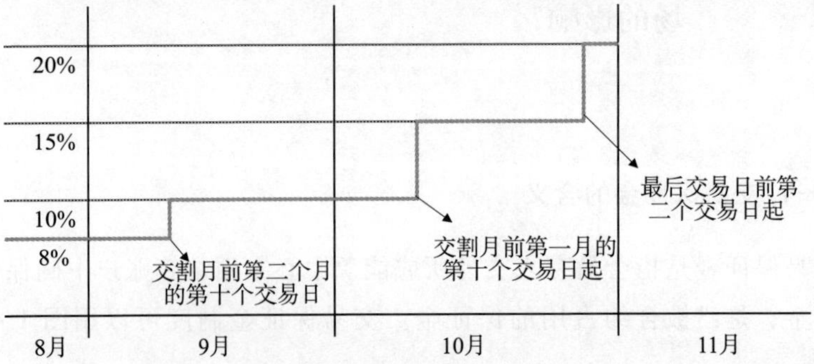

图 1-11 燃料油期货合约临近交割期时的交易保证金收取标准（以 11 月合约为例）

表 1－13　低硫燃料油期货合约上市运行不同阶段的交易保证金收取标准

交易时间段	低硫燃料油期货交易保证金比例
合约挂牌之日起	8%
交割月前第一月的第一个交易日起	10%
最后交易日前第二个交易日起	20%

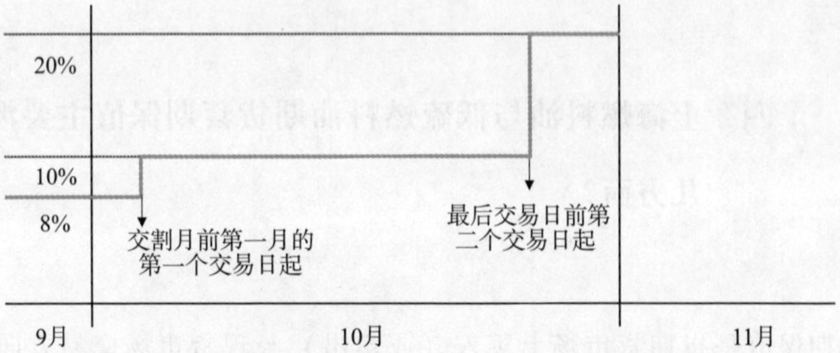

图 1－12　低硫燃料油期货合约临近交割期时的交易保证金收取标准（以 11 月合约为例）

当某一期货合约达到应该调整交易保证金的标准时，交易所或能源中心将在新标准执行前一交易日的结算时对该合约的所有历史持仓按新的交易保证金标准进行结算，保证金不足的，应当在下一个交易日开市前追加到位。

对于燃料油期货而言，进入交割月份后，卖方可用标准仓单作为与其所示数量相同的交割月份期货合约持仓的履约保证，不再收取其持仓对应的交易保证金。对于低硫燃料油期货而言，卖方可以将标准仓单作为与其所示品种和数量相同的期货合约持仓的履约保证，也不再收取其持仓对应的交易保证金。

（二）交易保证金制度的意义

（1）保证金制度是保障市场安全的基础之一。保证金制度可以保证所有账户的每一笔交易和持有的头寸都有与其面临风险相适应的资金量，交易中发生的盈亏不断得到相应的处理，有助于防止违约，并确保合约的完整。

（2）保证金制度降低了期货交易的进入门槛，交易者只需大约 10% 的保证金就可从事价值 100% 的远期贸易，发挥了期货交易的资金杠杆作用，促进套期保值功能的发挥。

(3) 保证金制度是交易所控制投机规模的重要手段。当投机过度时，可通过提高保证金的办法，增大入市成本，以抑制投机行为，控制交易的规模和风险；反之，当期货市场低迷、交易规模过小时，则可通过适当降低保证金来吸引更多的市场参与者，活跃气氛。

十四、上海燃料油与低硫燃料油期货套期保值主要涉及哪几方面?

套期保值是指期货市场上买入（或卖出）与现货市场交易方向相反、数量相等的相同品种的期货合约。套期保值交易中，无论现货供应市场价格怎样波动，最终都能取得在一个市场上亏损的同时在另一个市场上盈利的结果，并且亏损额与盈利额大致相等，从而达到规避风险的目的。

套期保值交易头寸实行审批制。套期保值交易分为买入套期保值交易和卖出套期保值交易。

套期保值交易持仓分为一般月份（指合约挂牌至交割月前第三月的最后一个交易日）套期保值交易持仓和临近交割月份（指交割月前第二月和交割月前第一月）套期保值交易持仓。

(一) 申请一般月份套期保值交易的客户需递交的材料

1. 申请燃料油期货一般月份套期保值交易头寸的会员或客户，应当提交的证明材料

(1) 企业营业执照副本复印件；

(2) 证明企业现货经营规模的相关材料，如当年或者下一年度的生产计划书及最新经审计的年度财务报表、现货仓单、库存证明、加工订单、购销合同、拥有实物的其他有效凭证等；

(3) 套期保值交易方案（主要内容包括风险来源分析、保值目标、预

期的交割或者平仓的数量）；

（4）交易所要求的其他证明材料。

2. 申请低硫燃料油期货一般月份套期保值交易头寸的非期货公司会员、境外特殊非经纪参与者或者客户，应当提交的证明材料

（1）一般月份套期保值额度申请（审批）表，包括申请人基本信息、申请合约、一般月份套期保值额度需求及其他信息；

（2）企业营业执照副本或者公司注册证书等能够证明经营范围的文件；

（3）上一年度现货经营业绩或者最新经审计的年度财务报告；

（4）当年或者下一年度现货经营计划，与申请套期保值交易相对应的购销合同或者其他有效凭证；

（5）套期保值交易方案，主要内容包括风险来源分析、保值目标；

（6）非期货公司会员、境外特殊非经纪参与者申请的，提供套期保值交易管理制度；

（7）能源中心要求的其他材料。

（二）申请临近交割月份套期保值交易客户需递交的材料

1. 申请燃料油期货临近交割月份套期保值交易头寸的会员或客户，应当提交的证明材料

（1）企业营业执照副本复印件；

（2）证明企业临近交割月份套期保值交易需求真实性的相关材料，如当年或者下一年度生产计划书、现货仓单、库存证明、加工订单、购销合同、拥有实物的其他有效凭证等；

（3）套期保值交易方案（主要内容应当包括风险来源分析、保值目标、预期的交割或者平仓的数量）；

（4）交易所要求的其他证明材料。

2. 申请低硫燃料油期货临近交割月份套期保值交易头寸的非期货公司会员、境外特殊非经纪参与者或者客户，应当提交的证明材料

（1）临近月份套期保值额度申请（审批）表，包括申请人基本信息、申请合约、临近月份套期保值额度需求及其他信息；

（2）企业营业执照副本或者公司注册证书等能够证明经营范围的文件；

（3）证明临近交割月份套期保值交易需求真实性的相关材料，包括当年或者上一年度的生产计划书，与申请额度相对应的现货仓单、加工订单、购销合同、购销发票或者拥有实物的其他有效凭证；

（4）非期货公司会员、境外特殊非经纪参与者申请的，提供套期保值交易管理制度；

（5）能源中心要求的其他材料。

（三）套期保值的申请时间

燃料油及低硫燃料油期货一般月份套期保值交易头寸的申请应当在套期保值合约交割月前第三月的最后一个交易日之前提出；临近交割月份套期保值交易头寸的申请应当在该套期保值合约交割月前第四月的第一个交易日至交割月前第二月的最后一个交易日之间提出，逾期不再受理该交割月份合约的套期保值交易头寸的申请。套期保值者可以一次申请多个交割月份合约的套期保值交易头寸。交易所或能源中心自收到套期保值交易头寸申请后，应在5个交易日内进行审核。

（四）套期保值头寸的建仓时间

获准套期保值交易头寸的会员、客户或境外特殊非经纪参与者，应当在套期保值合约最后交易日前第三个交易日收市前，按批准的交易部位和头寸建仓。在规定期限内未建仓的，被视为自动放弃套期保值交易头寸。套期保值交易头寸自交割月前第一月第一交易日起不得重复使用。

十五、上海燃料油与低硫燃料油期货风险控制细则主要涉及哪几方面？

前述保证金制度是燃料油与低硫燃料油期货风险控制中的主要内容之一，此外，期货交易中还有涨跌停板、持仓限制、强行平仓、大户报告、风险警示等风险控制制度。

当某燃料油或低硫燃料油期货合约连续三个交易日（即 D1、D2、D3 交易日）的累计涨跌幅（N）达到 12%，或连续四个交易日（即 D1、D2、D3、D4 交易日）的累计涨跌幅（N）达到 14%，或连续五个交易日（即 D1、D2、D3、D4、D5 交易日）的累计涨跌幅（N）达到 16% 时，交易所或能源中心可以根据市场情况，采取下列一种或多种措施。当然，事先要报告中国证监会。

（1）对部分或者全部会员、境外特殊参与者单边或双边、同比例或不同比例提高交易保证金；

（2）限制部分或者全部会员出金；

（3）暂停部分或者全部会员、境外特殊参与者开新仓；

（4）调整涨跌停板幅度，但调整后的幅度不超过 20%；

（5）限期平仓；

（6）强行平仓；

（7）交易所或能源中心认为必要的其他措施。

涨跌幅（N）的计算公式：

$$N=\frac{P_t-P_0}{P_0}\times 100\%$$

P_0为 D_1交易日前一交易日结算价；

P_t为 t 交易日结算价，$t=3$，4，5；

P_3为 D_3交易日结算价。

对于燃料油期货合约涨跌停板的设置，前面已经有所论述，若市场持续出现单方向涨跌停板的情况，则交易所或能源中心宣布进入异常情况并采取强制减仓紧急措施的，将以最近一次出现单边市并应用强制减仓紧急措施的交易日作为基准日，基准日闭市时以涨跌停板价申报的未成交平仓报单，将以第三交易日的涨跌停板价，于该合约净持仓盈利交易日（即客户、非期货公司会员、境外特殊非经济参与者，下同）按持仓比例自动撮合成交。同一客户持有双向头寸，则先平自己的头寸，再按上述方法平仓。

上期所和能源中心均实行持仓限额制度，相关比例及限额规定如表 1－14、表 1－15。

表 1－14　　燃料油期货合约在不同时期的限仓比例和限仓数额规定

<table>
<tr><td>品种</td><td colspan="8">规定</td></tr>
<tr><td rowspan="4">燃料油</td><td colspan="2">合约挂牌至交割月前第一月</td><td colspan="2">合约挂牌至交割月前第三月的最后一个交易日</td><td colspan="2">交割月前第二月</td><td colspan="2">交割月前第一月</td></tr>
<tr><td rowspan="2">某一期货合约持仓量</td><td>限仓比例（%）</td><td colspan="2">限仓数额（手）</td><td colspan="2">限仓数额（手）</td><td colspan="2">限仓数额（手）</td></tr>
<tr><td>期货公司会员</td><td>非期货公司会员</td><td>客户</td><td>非期货公司会员</td><td>客户</td><td>非期货公司会员</td><td>客户</td></tr>
<tr><td>大于等于25万手</td><td>25</td><td>7500</td><td>7500</td><td>1500</td><td>1500</td><td>500</td><td>500</td></tr>
</table>

注：表中持仓量、限仓数额为单向计算；期货公司会员的限仓比例为基数。

表 1－15　　低硫燃料油期货合约在不同时期的限仓比例和限仓数额规定

<table>
<tr><td>品种</td><td colspan="9">规定</td></tr>
<tr><td rowspan="5">低硫燃料油期货</td><td colspan="2">合约挂牌至交割月前第一月</td><td colspan="3">合约挂牌至交割月前第三月的最后一个交易日</td><td colspan="2">交割月前第二月</td><td colspan="2">交割月前第一月</td></tr>
<tr><td rowspan="2">某一期货合约持仓量</td><td>限仓比例（%）</td><td rowspan="2">某一期货合约持仓量</td><td colspan="2">限仓比例（%）和限仓数额（手）</td><td colspan="2">限仓数额（手）</td><td colspan="2">限仓数额（手）</td></tr>
<tr><td>期货公司会员、境外特殊经济参与者、境外中介机构</td><td>非期货公司会员、境外特殊非经纪参与者</td><td>客户</td><td>非期货公司会员、境外特殊非经济参与者</td><td>客户</td><td>非期货公司会员、境外特殊非经济参与者</td><td>客户</td></tr>
<tr><td rowspan="2">大于等于10万手</td><td rowspan="2">25</td><td>大于等于10万手</td><td>10</td><td>10</td><td rowspan="2">1500</td><td rowspan="2">1500</td><td rowspan="2">500</td><td rowspan="2">500</td></tr>
<tr><td>小于10万手</td><td>10000</td><td>10000</td></tr>
</table>

注：表中持仓量、限仓数额按照单向计算。

十六、燃料油与低硫燃料油期货主要参数区分对比有哪些？

燃料油与低硫燃料油期货主要参数区分对比如表 1 – 16 所示。

表 1 – 16　　燃料油与低硫燃料油期货主要参数区分对比

	期货品种	燃料油期货	低硫燃料油期货
基本信息	代码	FU	LU
	上市平台	上海期货交易所	上海国际能源交易中心
	参与者	境内客户	境内客户和境外客户
风控细则	持仓限额	合约挂牌至交割月前第一月某一期货合约持仓量	
		大于等于 25 万手后触发限仓比例 25%	大于等于 10 万手后触发限仓比例 25%
		合约挂牌至交割月前第三月的最后一个交易日	
		限仓 7500 手	大于等于 10 万手后触发限仓比例 10% 小于 10 万手后触发限仓 10000 手
交割标准及流程	交割品质——硫含量	3.5% 以下	0.5% 以下
	最小入库量	1000 吨	5000 吨
	入库预检	密度、运动黏度、硫含量、水分、闪点	密度、运动黏度、硫含量、水分、闪点，如混罐存储应当增加相容性预检
	仓单有效期	仓单生效第二年最后一个交割月份	每年 11 月 1 日之前生成的仓单，有效期为生成日至 12 月 31 日；每年 11 月 1 日之后生成的仓单，有效期为生成日至下一年度 12 月 31 日
	生成仓单的现货来源	几乎完全依赖进口	境外进口，国内出口，保税混兑
	交割仓库布局	华东地区	华东地区、山东省，以及新加坡、迪拜等境外交收库
	自然人客户离场	最后交易日前第三个交易日	最后交易日前第八个交易日

十七、上海保税380燃料油期货上市以来的运行情况如何？

目前，市场上的燃料油期货为2018年7月16日挂牌交易的保税380燃料油期货合约，其主力合约当日以3028元/吨开盘，当年10月跟随原油见顶后，开启了一年半的震荡下行趋势。2019年，燃料油市场交易的核心在于IMO2020限硫政策，高硫燃料油船用需求面临大幅下滑，走势明显弱于原油。2020年新冠疫情暴发后，出行限制导致油品需求下跌，带动价格继续探底，燃料油期货主力合约最低下探至1500元/吨下方，而后在需求修复及"OPEC +"减产的带动下开启了上行趋势，此间，燃料油主要跟随成本端原油波动。2022年初，俄乌冲突爆发后，燃料油跟随原油冲高至接近4500元/吨后回落，但回落幅度大于原油，主要原因是以柴油为主的主产品油品在俄罗斯供应受阻，天然气价格高企导致油气需求替代等。在上述因素带动下，燃料油的紧缺程度不断加剧，海外炼厂开工率保持高位，导致高硫燃料油副产量较高。同时，地缘政治因素导致俄罗斯出口至欧洲的燃料油部分转向亚洲，使亚洲高硫燃料油供应相对过剩。总体来看，燃料油在跟随原油波动的同时亦阶段性交易了自身供需因素，并表现出较原油更高的价格弹性。保税380燃料油期货主力合约走势见图1－13。

图1－13 保税380燃料油期货主力合约走势

十八、上海低硫燃料油期货上市以来的运行情况如何？

2020 年 6 月 22 日，低硫燃料油期货合约于上海国际能源交易中心上市，主力合约当日以 2570 元/吨开盘。低硫燃料油期货上市时正处于新冠疫情暴发后原油价格企稳回升的初期，上市后至 2022 年初，呈现震荡上涨态势，由 2020 年下半年的 2000～3000 元/吨上涨至近 7000 元/吨（见图 1－14）。2021—2022 年，区域性的天然气紧缺成为全球能源市场的焦点，天然气制氢气的成本也跟随提升，加大了海外炼厂炼制环节中的加氢成本。同时，油气需求替代、俄罗斯油品出口受阻等因素使海外柴油紧缺程度不断加剧，也使低硫渣油产量形成分流，导致低硫燃料油使用柴油进行调和时的原料成本增加。在此过程中，低硫燃料油与海外柴油市场高度联动，价格表现强于原油。

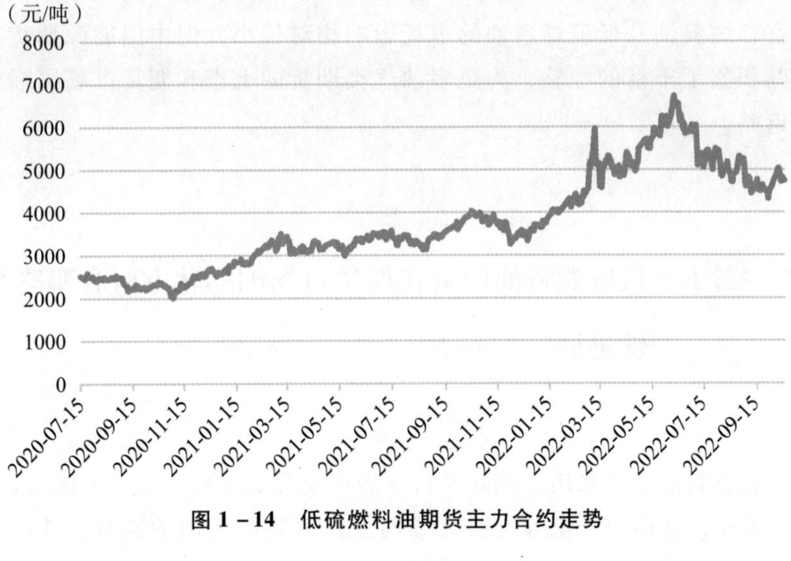

图 1－14　低硫燃料油期货主力合约走势

十九、为什么称“燃料油期货是我国能源期货排头兵”?

之所以称“燃料油期货是我国能源期货排头兵”，是因为我国石油类期货是从燃料油起步的。在石油大家族中，虽然燃料油只占很小的份额，其市场规模远小于原油、汽油、柴油等主流油品，但是期货的基本特征是“市场”二字。没有自由市场和买卖，期货便成了无源之水、无本之木。燃料油作为我国石油乃至能源现货市场中率先高度市场化的品种，具有期货市场成功发展的先决条件。近年，上海期货交易所对上海燃料油期货对应的交割标的进行了多次修改优化，以使燃料油期货不断适应现货市场的发展特征。目前，燃料油期货已成为国内期货市场中最为活跃的品种之一。在此基础上，低硫燃料油期货成功上市，与全球船用油低硫化及我国低硫燃料油出口退税政策的推出保持同步。可见，期现货市场的互相促进实现了我国保税低硫燃料油市场的快速发展。另外，相对其他成品油及原油而言，燃料油及低硫燃料油的市场影响相对偏小，但中国能源期货市场通过其积累了丰富的经验，为更多油气类期货的上市和期货市场国际化铺平了道路。

二十、低硫燃料油期货在期货市场国际化方面有哪些突破性进展?

低硫燃料油期货采用“国际平台、净价交易、保税交割、人民币计价”的基本思路，全面引入境外交易者参与。作为我国继原油期货、铁矿石期货、PTA 期货、20 号胶期货之后的第五个境内特定品种，适用原油期货、

20号胶期货相关政策，包括财政部、国家税务总局、中国人民银行、国家外汇管理局、海关总署等相关部委关于境外投资者参与境内特定品种相应的增值税、外汇管理、跨境结算业务、企业所得税和个人所得税、期货保税交割业务海关监管等政策。

此外，低硫燃料油期货首创了“境内交割+境外提货”制度，基于贸易商厂库交割制度，引入石油行业“龙头”企业在境内境外的储运贸易布点成为交割厂库和交收库，投资者通过交易获得由厂库生成的标准仓单后，履行一定程序即可实现境外提货。

2021年1月19日至21日，上海国际能源交易中心（以下简称上期能源）低硫燃料油期货首次跨境交收成功实施，首批共计2500吨低硫燃料油货物通过集团交割境外交收库——中国石油国际事业（新加坡）有限公司完成提货。这一全球首创的制度设计落地，扩大了我国期货价格在境外现货贸易中的使用范围，进一步增强“中国价格”的国际影响力。

与此同时，基于期货合约的低硫燃料油国际定价体系建设方面也有显著的成果。长期以来，国内船供油的实际交易普遍采用新加坡普氏价格加升贴水的方式进行船用燃料油采购和销售。由于基准价格来自国外，我国船用燃料油市场缺乏议价能力。随着我国在全球船供燃料油加注市场地位的提升，以人民币计价船供燃料油加注价格基准应需而生。

在2021年和2022年，上期能源联合浙江国际油气交易中心（以下简称浙油中心），分别推出了以低硫燃料油期货价格为定价基准的“中国舟山保税低硫燃料油船供油报价”和“中国舟山低硫燃料油保税船供买方报价”。其中，“买方报价”是国际船东企业的人民币意向价格，报价形式采用“期货+升贴水”，价格基准为低硫燃料油期货价格，参与报价的国际船东主体既有国内企业，也有来自新加坡、毛里求斯等地的国际船东。这两份以人民币计价的船供油报价，正在推动形成以我国低硫燃料油期货价格为定价基准，在我国保税船燃的主要集散地——舟山，打造具有区域性影响力的定价机制，增强我国在能源领域的价格影响力。目前，现货企业开始以舟山价格为基准或直接使用当日舟山价格（见表1-17、表1-18）签订现货合同，改变了以往现货定价只能关注新加坡普氏价格的单一局面。

表 1-17 中国舟山低硫燃料油保税船供报价示例（2022 年 10 月 24 日）

中国舟山低硫燃料油保税船供买方报价		参考价格	
LU 期货结算参考价（元/吨）	4800	FU 期货结算参考价（元/吨）	2687
升贴水报价（元/吨）	218	SC 期货结算参考价（元/桶）	670.0
买方报价（元/吨）	5018	ICE Brent 原油期货（美元/桶）	92.57
加注日期	未来 5~10 天	NYMEX WTI 原油期货（美元/桶）	84.09
加注油量（吨）	300~700	参考汇率：美元/人民币	7.1230
提货地点	四大锚地	参考汇率：欧元/人民币	7.0421
保燃质量	符合 ISO 8217：2010 相关要求		

注：1. LU 期货结算参考价为上海国际能源交易中心低硫燃料油期货 M（首行）+1 合约当日结算参考价，当前为 LU2212 合约；

2. FU 期货结算参考价、SC 期货结算参考价为上海期货交易所对应品种主力合约结算参考价；

3. ICE Brent、NYMEX WTI 原油期货价格为北京时间 15：00 的主力合约价格；

4. 参考汇率取自中国外汇交易中心公布的当日人民币汇率中间价；

5. 四大锚地指舟山地区的马峙、虾峙门、条帚门及秀山东锚地，其他锚地、码头供油需联系企业另行协商；

6. 账期等具体条款由双方协商，按双方的现货合同约定执行；

7. 历史数据详见图表。

表 1-18 中国舟山低硫燃料油保税船供卖方报价示例（2022 年 10 月 24 日）

项目	中石化燃料油	中国船燃	中石油燃料油	海港国贸	浙石油燃料油	参考价格	
LU 期货结算参考价（元/吨）	4800					FU 期货结算参考价（元/吨）	2687
升贴水报价（元/吨）	392					SC 期货结算参考价（元/桶）	670.0
舟山价格（元/吨）	5192					ICE Brent 原油期货（美元/桶）	92.57

续表

项目	中石化燃料油	中国船燃	中石油燃料油	海港国贸	浙石油燃料油	参考价格	
加注日期	未来10~15天	未来10~15天	未来7~10天	未来7~10天	未来5~14天	NYMEX WTI原油期货（美元/桶）	84.09
最低可供油量（吨）	1000	800~1500	800	800	300	参考汇率：美元/人民币	7.1230
提货地点	四大锚地	四大锚地	四大锚地	四大锚地	四大锚地	参考汇率：欧元/人民币	7.0421
保燃质量	符合ISO 8217:2010相关要求	符合ISO 8217:2010相关要求	符合ISO 8217:2010相关要求	符合ISO 8217:2010相关要求	符合ISO 8217:2010相关要求		
联系人	盛中杰	王磊	李剑	沈浩	刘振宇		
联系方式	18058071107	13716188088	15257403615	13665801577	15968149699		

注：1. LU期货结算参考价为上海国际能源交易中心低硫燃料油期货M（首行）+1合约当日结算参考价，当前为LU2212合约；

2. FU期货结算参考价、SC期货结算参考价为上海期货交易所对应品种主力合约结算参考价；

3. ICE Brent、NYMEX WTI原油期货价格为北京时间15：00的主力合约价格；

4. 参考汇率取自中国外汇交易中心公布的当日人民币汇率中间价；

5. 四大锚地指舟山地区的马峙、虾峙门、条帚门及秀山东锚地，其他锚地、码头供油需联系企业另行协商；

6. 账期等具体条款由双方协商，按双方的现货合同约定执行；

7. 历史数据详见图表。

另外，上期所、上期能源发布了燃料油、低硫燃料油期货月均结算价（Mean of Settlement，MOS），月度平均价的概念在现货贸易中已被广泛使用。在全球燃料油市场中，炼厂、贸易商、船供企业均已习惯使用月均价格进行排产、交易、结算。这一举措引导产业客户参考期货价格进行贸易定价，进一步拓展了低硫燃料油期货价格应用场景，提高了企业参加套期保值积极性，推动了低硫燃料油期货的国际化。同时，在计价期月份提供月均结算参考价（见表1-19），可以方便投资者预判交割结算价，计算交易、交割损益，提前做好相应风险管理，有助于月均结算价期货合约在交割月份的价格回归，降低交割风险。

表 1－19　上海国际能源中心月均结算价示例（2022 年 10 月 24 日）

合约代码	开始时间	结束时间	月均结算价	涨跌
品种名称：低硫燃料油				
lu2212	2022－10－10	2022－10－24	4854.00	－5.40
lu2301	2022－10－10	2022－10－24	4776.82	－2.28
lu2302	2022－10－10	2022－10－24	4675.82	－1.38

此外，月均结算价的发布，也为下一步研发推出月均结算价期货合约，拓展了低硫燃料油期货价格应用场景，为产业上下游各类企业提供更加丰富的避险方式、提供更具有深度和广度的服务打下了基础。

自测题

一、单项选择题

1. FU2201，是一个期货合约符号，表示（　　）交割的合约，标的物是（　　）。

A. 2022 年 1 月，低硫燃料油　　B. 2022 年 10 月，低硫燃料油

C. 2022 年 1 月，燃料油　　D. 2022 年 10 月，燃料油

2. 新加坡是世界石油交易中心之一，新加坡燃料油市场在国际上占有重要地位，主要由三个部分组成。以下（　　）市场在传统新加坡燃料油市场中影响最小。

A. 传统的现货市场　　B. 期货市场

C. 普氏（PLATTS）公开市场　　D. 纸货市场

3. IMO 出台的一系列关于全球船用燃料油硫含量的规定，被业内普遍称为全球船用油限硫令，或 IMO2020 限硫令。该规定要求，自 2020 年 1 月 1 日起，在全球水域范围航行的船舶必须使用硫含量不超过（　　）的燃料油。

A. 3.5%　　　　B. 1.5%

C. 0.5%　　　　D. 0.1%

4. （　　），低硫燃料油期货在上海期货交易所子公司上海国际能源交易中心正式挂牌交易。

A. 2018 年 7 月 16 日　　　　B. 2020 年 1 月 1 日

C. 2020 年 6 月 22 日　　　　D. 2021 年 9 月 16 日

5. 燃料油期货交割过程中，标准仓单交货入库的最小量为（　　）吨，低硫燃料油入库的最小量为（　　）吨。

A. 1000；5000　　　　B. 1000；1000

C. 5000；1000　　　　D. 5000；5000

6. 当某一燃料油或低硫燃料油期货合约达到应该调整交易保证金的标准时，交易所或能源中心将在新标准执行前一交易日的结算时对该合约的所有历史持仓按新的交易保证金标准进行结算，保证金不足的，应当在（　　）追加到位。

A. 下一个交易日开市前　　　　B. 下一个交易日闭市前

C. 下一个交易日闭市后　　　　D. 下两个交易日闭市前

7. 套期保值交易头寸实行（　　）。

A. 备案制　　　　B. 审批制

C. 核准制　　　　D. 注册制

8. 风险控制制度在期货交易中十分重要。以下（　　）不是燃料油与低硫燃料油期货风险控制制度。

A. 保证金制度　　　　B. 强行平仓制度

C. 大户报告制度　　　　D. 全员结算制度

9. 以下（　　）不是燃料油主要质量指标。

A. 闪点　　　　B. 凝点

C. 水分　　　　D. 硫含量

10. （　　），上海期货交易所挂牌交易保税 380 燃料油期货合约。

A. 2018 年 6 月 26 日　　　　B. 2018 年 7 月 16 日

C. 2020 年 6 月 22 日　　　　D. 2020 年 1 月 1 日

11. 燃料油期货采用（　　）交割的方式，低硫燃料油期货采用（　　）

交割的方式。

A. 保税；保税　　B. 完税；保税

C. 保税；完税　　D. 完税；完税

12. 全球衍生品市场的燃料油标的主要是以（　　）为主要组分进一步调和出的符合一定质量标准的船用燃料油。

A. 渣油　　B. 石脑油

C. 凝析油　　D. 柴油

13. 燃料油期货合约的最低交易保证金为合约价值的（　　）。

A. 5%　　B. 6%

C. 8%　　D. 10%

14. 燃料油保税标准仓单有效期为（　　），超过期限的燃料油将转入现货油罐。

A. 仓单生效年份当年的最后一个交割月份

B. 仓单生效年份第二年的第一个交割月份

C. 仓单生效年份当年的最后一个交割月份

D. 仓单生效年份第二年的最后一个交割月份

15. FU 与 LU 交割品质的硫含量应分别满足（　　）与（　　）。

A. 3.5%以下；0.5%以下　　B. 0.5%以下；3.5%以下

C. 0.5%以下；0.1%以下　　D. 0.1%以下；0.5%以下

二、判断题

1. 燃料油及低硫燃料油期货均采用完税交割的方式。（　　）

2. 套期保值交易头寸自交割月前第一月第一交易日起不得重复使用。（　　）

3. 上海期货交易所保税燃料油期货合约交割品级是180CST燃料油。（　　）

4. 目前，国际上有十余家交易所推出了原油期货。芝加哥商品交易所集团旗下纽约商业交易所（NYMEX）和洲际交易所（ICE）为影响力最大的世界两大原油期货交易中心，其对应的西得克萨斯中质原油（WTI）期货

和阿曼原油（OMAN）期货分别扮演着美国和欧洲基准原油合约的角色。（　）

5. 套期保值是指在期货市场上买入（或卖出）与现货市场交易方向相同、数量相等的相同品种的期货合约。（　）

三、填空题

1. 低硫燃料油期货生成仓单的现货来源包括（　）。

2. 在第二交割日内，交易所或能源中心根据已有资源，按照（　）的原则，向买方分配保税标准仓单。

3. 涨跌停板是指（　），超过该涨跌幅度的报价被视为无效，不能成交。

4. 低硫燃料油期货首创（　）制度，基于贸易商厂库交割制度，引入石油行业“龙头”企业在境内境外的储运贸易布点成为交割厂库和交收库，投资者通过交易获得由厂库生成的标准仓单后，履行一定程序即可实现境外提货。

5. 低硫燃料油期货标准合约的交割单位为（　），交割数量应当是交割单位的整数倍。

参考答案

一、单项选择题

1. C	2. B	3. C	4. C	5. A
6. A	7. B	8. D	9. B	10. B
11. A	12. A	13. C	14. D	15. A

二、判断题

1. ×　2. √　3. ×　4. ×　5. ×

三、填空题

1. 境外进口，国内出口和保税混兑
2. 时间优先、数量取整、就近配对、统筹安排
3. 期货合约允许的日内价格最大波动幅度
4. “境内交割 + 境外提货”
5. 10 吨

第二章

燃料油与低硫燃料油期货市场影响因素

本章要点

在燃料油与低硫燃料油期货市场交易中，众多因素影响着燃料油价格的变动。要合理进行燃料油期货操作，达到交易目的，则需要对这些影响因素有一定的了解。本章主要介绍了燃料油现货市场的供需情况，特别对与期货市场更为密切的船用燃料油市场影响因素进行了说明，并依据期现货市场的定价逻辑，对分析框架进行了简要介绍。

一、分析燃料油与低硫燃料油期货市场所必须了解的基本要素有哪些？

要分析燃料油与低硫燃料油期货市场，我们首先要了解现货市场的供需基本面情况。供应端既要关注其直接上游——原油的成本变化及走势预期，也要关注汽油、柴油等市场变化对炼厂高硫、低硫燃料油生产的影响，高硫燃料油与低硫燃料油作为炼厂典型的副产品与主产品，油品产业链整体利润水平对其供应的影响往往较为直接。需求端的低硫燃料油主要关注全球海运市场情况，高硫燃料油除了海运市场外，还需阶段性关注中东及南亚地区的直接燃烧发电需求，同时，高硫、低硫燃料油还需关注其作为中间产品在炼厂间流通所体现的深加工需求。

其次，我们需要对高硫、低硫燃料油相关现货贸易情况进行跟踪，也要对现货市场定价体系以及相关价格、价差走势进行持续关注。此外，有关期货市场的一些基本要素，如价格、成交情况、持仓情况等，包括技术图形、指标变化，以及其他相关的期货市场信息，这些都是交易者应关注的与燃料油和低硫燃料油期货市场价格变化关联非常大的因素。

二、全球燃料油市场供需趋势如何？

长期以来，燃料油市场中相对权威的统计口径主要是以残渣型燃料油为整体，在此口径下，20 世纪 90 年代以来，全球燃料油供需体量呈现持续下降的趋势。全球燃料油消费量由 1990 年的 1234.9 万桶/日下降至 2021 年的 671.1 万桶/日，在石油产品总消费中的占比由 1990 年的 18.64% 下降至 2021 年的 7.13%（见图 2-1）。市场体量下降的主要原因是全球能源行业向清洁化以及炼油行业向轻质化转变。一方面，一次能源发电领域中燃油型电厂被大规模淘汰，燃气型电厂逐步增加；另一方面，全球炼厂产品中，汽油、柴油以及化工原料等高附加值产品收益有所提高，燃料油二次流通作为深加工原料的体量有所下降。

从全球各区域的情况来看，20 世纪 90 年代以来，北美、欧洲、独联体地区在全球燃料油消费中的占比不断下降，这些区域的燃料油消费特征是全球炼化产能相对先进，发电结构率先调整；中东地区在全球燃料油消费占比

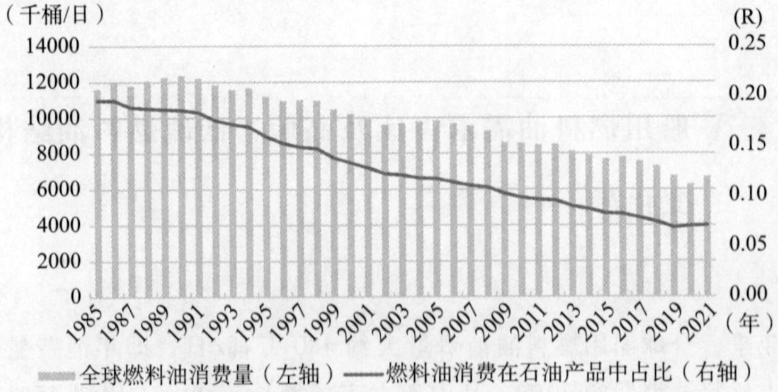

图 2－1　全球燃料油消费量及燃料油消费在石油产品中占比

资料来源：BP、国投安信期货。

中大幅提升，与其燃油发电占比高、21 世纪以来深加工能力大幅提升有直接关系；亚洲地区消费占比相对稳定，主要源于中、印等国消费增速强劲，燃料油消费的绝对降幅较其他区域相对稳定（见图 2－2）。

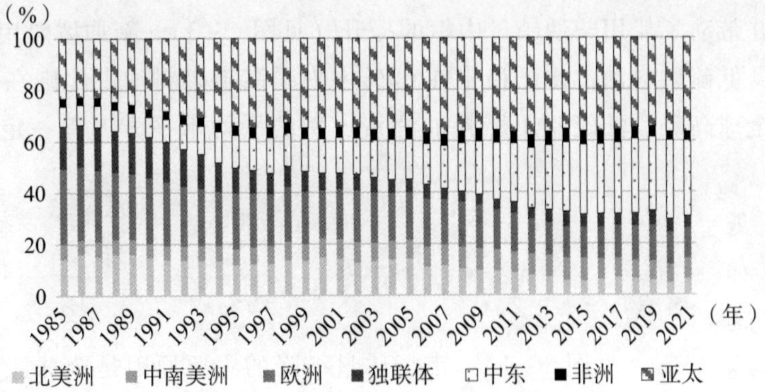

图 2－2　全球燃料油分区域消费占比

资料来源：BP、国投安信期货。

全球燃料油供应量随需求逐步下滑，但区域之间供需失衡持续存在。近年来，燃料油产量最大的区域是中东地区，其次是亚洲、欧洲及独联体地区。亚洲地区由于需求占比较大，呈现明显的供不应求特征，而中东、欧洲、独联体地区则呈现供大于求的状态。

三、船用燃料油需求占比及高硫、低硫燃料油结构如何变化?

近年来，全球船用燃料油消费量大约 480 万桶/日，即年消费量 2.8 亿吨，约占燃料油消费的 70%。其中亚太市场增长较快，占比超 45%，是全球最大的船用油消费市场。

IMO2020 年全球海运限硫令是船用油需求结构转换的重要节点。2019 年下半年开始，高硫燃料油销量大幅下跌，同期，低硫燃料油销量快速上涨，由于转换初期低硫燃料油供应相对紧张，有部分缺口就通过硫含量符合新规要求的船用柴油弥补。以新加坡市场为例，高硫燃料油月均销量由 3000 万～4000 万吨降至 1000 万吨附近，低硫燃料油销量则升至 2000 万吨附近，并带动了船用柴油销量中枢的提升（见图 2－3）。新加坡船用燃料油市场中，低硫燃料油占比已稳定在 60% 左右，高硫燃料油占比则在 30% 左右，在全球高硫、低硫船用燃料油消费比例的平均水平方面有一定的代表

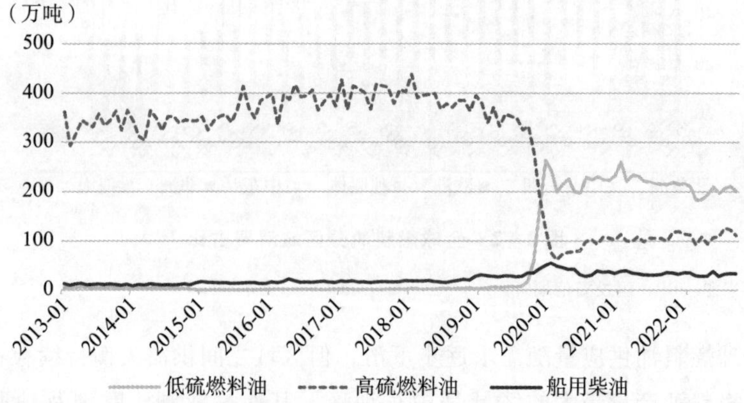

图 2－3 新加坡船用油销量

资料来源：MPA、同花顺、国投安信期货。

性。但各地区因资源禀赋不同在比例上存在一定差异，例如，与平均水平相比，中国保税船加油市场的低硫燃料油比例偏高，美国地区船用柴油比例偏高，而富查伊拉地区高硫燃料油比例偏高。

四、船用脱硫塔如何影响高硫、低硫燃料油的需求结构？

针对国际海事组织2020年开始施行的船用油0.5%硫含量的限硫新规，航运业有三种应对方案：一是进行简单改装和洗舱后使用低硫燃料油；二是安装船用脱硫塔后继续使用高硫燃料油；三是新建或加装液化天然气等清洁能源的驱动系统。三种方案各有利弊（见表2－1），选用何种方案，短期需要考虑可操作性，长期还需综合考虑经济性等。

表2－1　航运业三种应对限硫令方案的优劣对比

优劣	三种方案		
	使用低硫燃料油	安装脱硫塔	LNG等清洁能源
应对措施的优势	较为环保 船舶改动相对较小	能继续使用相对廉价的高硫燃油	环保与合规性佳
应对措施的劣势	燃油价格高昂 产品稳定性可能存在问题	投资成本高 对船舶空间有要求 废液处理存在风险	投入成本极高 加注配套设施不完善

资料来源：国投安信期货。

船舶加装脱硫塔后可继续使用价格相对低廉的传统高硫燃料油，但脱硫塔的一次性投资成本偏大，回收周期受高硫、低硫燃料油价差影响存在较大不确定性。一般来说，高硫、低硫燃料油价差越大、主机功率越大、船舶耗油越多，使用高硫油节约的成本就越多，投资回收期也就越短。从对脱硫塔回收期的测算可以看出，以40吨/天的燃料油消耗为例，当高硫、低硫燃料油价差达到300美元/吨时，回收周期可以控制在1年左右，若高硫、低硫燃料油价差在200美元/吨以上，则回收期将被控制在2年以内（见图2－4）。

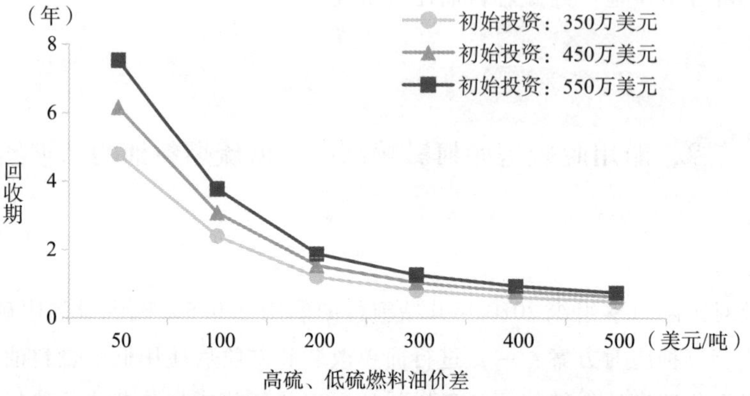

图2－4 高硫、低硫燃料油价差与船用脱硫塔回收期情况

资料来源：路透、国投安信期货。

脱硫塔主要分为开式、闭式和混合式三种，成本相对偏低的开式脱硫塔利用弱碱性的海水对含有硫氧化物的船舶废气进行中和脱硫，已被许多港口限制使用，而闭式脱硫塔是将化学洗涤水与船舶废气进行中和脱硫，脱硫后的废液将统一收集。这种方法虽然污染性小，但使用成本较高。

可见，船用脱硫塔对船用燃料油市场的高硫燃料油的使用比例至关重要，且与高硫、低硫燃料油价差密切相关。2020年以来，高硫、低硫燃料油价差整体呈现不断走阔的特征，新加坡高硫燃料油销量整体呈现逐步上升的趋势，但大部分船舶仍选择直接使用低硫燃料油而非安装船用脱硫塔。

五、全球主要船加油港有哪些？

全球有四大船用油市场，分别是亚洲地区（新加坡、中国、日本、韩国）、欧洲 ARA 地区（阿姆斯特丹、鹿特丹、安特卫普）、地中海地区（富查伊拉）和美洲地区（美洲东海岸）。船加油市场的繁荣与地区海洋贸易的发达程度息息相关。全球主要加油港也多分布于四大市场之中，包括亚太地区的新加坡、舟山等，欧洲地区的鹿特丹、安特卫普等，以及北美地区的洛杉矶等（见表 2－2）。

表 2－2　2021 全球十大船加油港口

排名	国家/地区	港口	2021 年总量（百万吨）
1	新加坡	新加坡	49.99
2	荷兰	鹿特丹	9.59
3	阿联酋	富查伊拉	8.18
4	中国	香港	5.79
5	中国	舟山	5.50
6	巴拿马	巴拿马	5.02
7	韩国	釜山	4.80
8	比利时	安特卫普	4.51
9	直布罗陀	直布罗陀	4.39
10	美国	洛杉矶—长滩	3.23

资料来源：第五届世界油商大会全球船用燃料发展论坛。

（一）新加坡港

新加坡港西临马六甲海峡，扼守太平洋和印度洋之间的重要航道，是亚太地区最大的转口港，也是世界上最繁忙的港口之一，与全球 120 多个国家及地区的 600 多个港口建立了业务联系。新加坡政府为石油行业的发展提供了较宽松的政策环境，因此多家全球知名石油公司在此建立了炼化厂，使其成为全球最主要的炼油中心之一、世界石油贸易枢纽之一，以及亚洲石油产品定价中心。产业的规模效应以及自由港政策使船用成品油的价格相对较低，再加上新加坡有航线优势，所以其具有开展海事服务的基础，故新加坡已发展成为全球最大的加油港。2021 年新加坡港以 4999 万吨的供油规模居全球首位，遥遥领先其他港口。

（二）鹿特丹港

鹿特丹是荷兰第二大城市，被称为亚欧大陆桥的西桥头堡。鹿特丹港是欧洲第一大港，也是欧洲最重要的化工品、集装箱、石油、铁矿、金属和农产品的集散地。因为鹿特丹港位于莱茵河水系入海口，具有河海结合的运输优势，可辐射整个西欧、中欧及部分东欧地区，成为连接欧洲经济腹地与世界市场的“欧洲门户”，拥有全球逾千个港口的 500 多条航线。此外，鹿特丹港还是全球主要炼油中心之一，集聚了多家国际知名的炼油企业和跨国化工企业，如壳牌、埃克森美孚、道达尔等。鹿特丹港港区有 6 个原油码头，所有原油码头都有管道和港内的炼油厂，港区内拥有 5 个炼油厂，拥有超过 3000 万立方米的液货仓储能力。鹿特丹港作为欧洲海运贸易的重要节点，且其炼油能力有保障，所以成为全球主要船加油港之一。2021 年，鹿特丹港口供油 959 万吨，在全球主要船加油港口中排名第二。

（三）舟山港

舟山港位于我国长江出海口和南北海岸的交汇地带，是天然的深水港。舟山港背靠长江经济带与东部沿海经济带“T”形交汇的长江三角洲地区，是我国重要的交通枢纽，也是全球重要的海运枢纽之一。另外，自 2017 年浙江（舟山）自贸区揭牌以来，舟山油气石化集群快速发展，目前已是全国最大的油气储备基地。浙江（舟山）自贸区揭牌以来，已颁布多项政策和试点，如保税燃料油混兑调和加工贸易业务试点、简化外锚地保税燃料油加注船舶入出境手续政策等，均促进舟山港的船舶加油量快速增长。良好的贸易条件和快速成长的石化集群，使舟山港在 2018 年跻身全球十大船加油港口之一，2021 年舟山港的加注量达 550 万吨，快速跻身全球第五。舟山港的目标是 2025 年加注量达到 1000 万吨，进一步提升国际加油大港的地位。

六、全球海运市场如何影响燃料油需求？

海运市场是燃料油主要的消费方向，因而全球海运贸易规模会直接影响燃料油需求量。短期而言，由于欧美地区圣诞节假期和东亚地区春节假期的影响叠加，冬季为海运贸易淡季，故燃料油的销量通常会在每年的一二月份表现出淡季特征。长期来看，在过往海运贸易量持续增长的带动下，燃料油销量逐年上升。

此外，海运市场的突发事件也会影响全球燃料油的需求量。以 2020 年初为例，受新冠疫情的影响，全球航运市场受到重大冲击，2020 年上半年全球海运贸易量同比下滑 4%，受此拖累，燃料油市场需求低迷，新加坡船用燃料油销量自 3 月以来反季节持续下滑。后续随着航运市场逐渐恢复，燃料油销量才恢复上升。2022 年初，地缘冲突冲击了全球海运市场，短期内全球海运货量承压，燃料油销量随之突降，2 月单月销量降至 2016 年以来的最低水平（见图 2－5）。

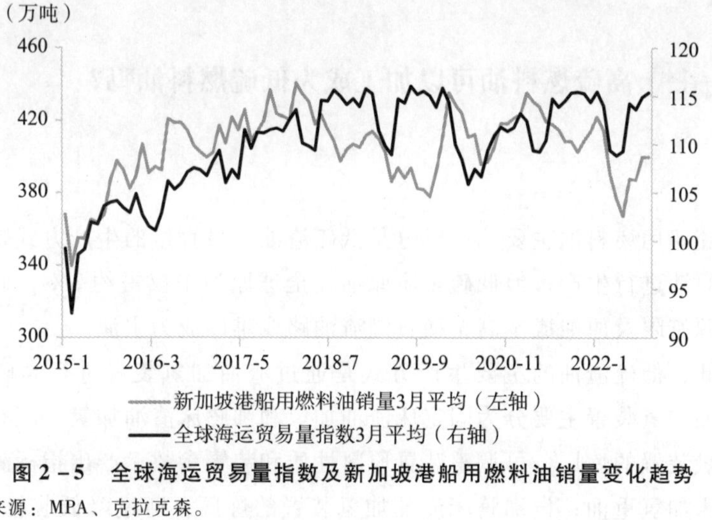

图 2－5　全球海运贸易量指数及新加坡港船用燃料油销量变化趋势

资料来源：MPA、克拉克森。

另外，海运市场相关法规的变化也会对燃料油需求及产品结构造成直接影响。2020年1月1日，全球船用限硫令开始实施，硫含量3.5%的高硫燃料油需求量显著下滑，同时，硫含量不高于0.5%的低硫燃料油需求量迅速上升。市场对低硫燃料油的强劲需求使同期低硫燃料油价格涨幅明显，燃料油市场需求自此产生划时代的变化。各船型船用油需求量占比情况见表2－3。

表2－3　各船型船用油需求量占比

船舶类型	货物类型	运力占比（%）（以载重吨计）	船用油需求量占比（%）
集装箱船	消费品、家具、工业机械和零件等产成品或半成品	13.4	22.0
油轮	原油、成品油等液体散货	31.0	19.0
散货船	铁矿石、煤炭、粮食等大宗干散货	43.1	17.8
邮轮/客船	乘客	0.3	8.0
LNG/LPG运输船	LNG、LPG	3.9	5.2
其他船型	其他货物	8.3	27.7

资料来源：国投安信期货根据公开资料整理。

七、高硫燃料油可以加工成为低硫燃料油吗？

低硫船用燃料油主要调和组分是低硫渣油，最直接的生产方式是采购低硫重质原油进行生产，但低硫重质原油在全球原油中仅占约3%，低硫重质原油资源有限及原油成本高企使直馏渣油路线难以成为主流。

因此，低硫渣油的主要生产方式是通过渣油加氢装置进行高硫渣油脱硫，渣油加氢装置主要分为固定床渣油加氢和沸腾床渣油加氢。配有固定床渣油加氢装置的炼厂，可调整装置原料性质和装置参数，产出指标满足要求的固定床加氢重油；设沸腾床渣油加氢装置的炼厂，通过降低装置转化率，提高加氢脱硫深度，调整进料性质和馏分切割，可产出沸腾床加氢重油参与调和。相比较而言，渣油加氢路线生产低硫燃料油对原油的适应性较强，但加工费用较高，对现有装置的后续装置负荷影响偏大，且新建装置投资较大。

八、燃料油和其他成品油的相互转换和替代关系是怎样的?

燃料油和汽油、柴油、煤油、石脑油都属于油品产业链中较为常见的产品，但一般认为汽油、石脑油属于轻质馏分，柴油、煤油属于中质馏分，燃料油属于重质馏分。因此，要将燃料油投入深加工装置进行进一步处理方可转换为其他成品油。常见的深加工装置有催化裂化装置、焦化装置等。低硫燃料油硫含量较低，其调和组分中常减压渣油、催化柴油等均是典型的催化裂化原料，低硫燃料油与汽油、柴油的转产相对更为灵活，而高硫燃料油由于硫含量较高，在生产汽油、柴油等产品过程中的深加工程序往往更为复杂，且成本更高，例如渣油加氢催化裂化联合加工，或经焦化装置处理后再对焦化油进行进一步调和或加氢操作等。

在需求端，燃料油和其他成品油具有一定的替代关系，例如，2019—2020 年全球海运燃料油向低硫化燃料油过渡时，由于低硫燃料油严重紧缺，则符合限硫新规的低硫柴油成为部分船东的临时选择，但需要注意的是，柴油在热值、黏度等方面与传统的海运船舶动力系统并不十分适配，需求替代一般只发生在特殊场景下，且对替代油品的要求较高。长期来看，随着海运市场环保要求的日益严峻，天然气、甲醇等新型燃料船舶比例增加，燃料油在船用领域的需求也面临严峻挑战。

此外，燃料油在发电领域与其他油品也能形成一定竞争。例如，沙特燃油电厂常根据原油与燃料油的经济性进行燃料切换，欧美等地在特殊时期也可通过汽油和柴油发电机、柴油取暖炉等途径实现对电网电力的替代。但随着近年来燃油发电厂逐步退出历史舞台，燃料油在发电领域与其他油品的替代效应已不明显。

九、电力市场发展对燃料油需求有什么影响?

电力行业用油量主要受各国能源政策及环保要求、电力供应情况、燃料油供应情况、一次能源比价情况以及科技进步等多方面因素影响。几十年来，天然气体现了较长时间的热值经济性，同时，各国政策对清洁能源发电进行持续推广，所以，无论是绝对规模还是发电结构，全球范围内燃油发电占比均呈现持续萎缩趋势，目前，在全球发电结构中，该占比规模已经极小。据 BP 数据，全球发电用能源中，燃油占比自 1990 年以来持续下滑，从 1985 年的占全球的 11.2% 下降至 2021 年的 2.5%。其绝对量也从 1985 年的 1108.9 亿千瓦时（TWH）下降至 2021 年的 720.3TWH，年化缩减率为 1.19%（见图 2－6）。

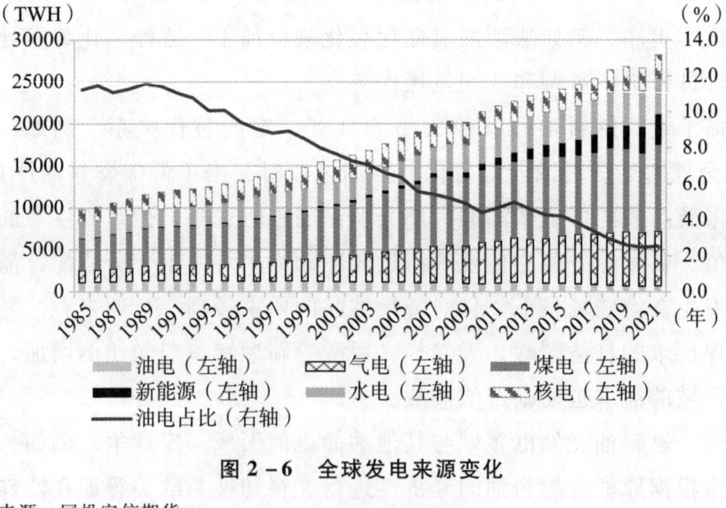

图 2－6 全球发电来源变化

资料来源：国投安信期货。

2021 年，从全球范围来看，油电占比较高的地区依次是中东、非洲和中南美洲，其他地区油电占比极低，仅为 1% 左右（见表 2－4）。相对单一的能源结构和过剩的资源禀赋决定了油电在中东地区的发电来源中占主导地位，占比达到23.45%。同时，该地区也是全球主要使用油电的地区，2021年全球油电发电量为720.3TWH，仅中东地区就高达306.1TWH。其中，沙特阿拉伯2021年总发电量为356.6TWH，油电为139.9TWH，占比达39.2%，剩余发电量则绝大部分来自天然气。在这种较为单一的发电结构下，沙特阿拉伯夏季气温较高，会出现较大的用电需求，导致沙特阿拉伯的燃料油消费呈现较为明显的季节性特征（见图2-7）。非洲和中南美洲地区由于有较多原油出口国，其发电量中油电仍占一定占比。2021年，非洲发电量中8.5%来自油电，中南美洲的这一数据则为7.0%。

表2-4　　2021年全球各地区发电结构（%）

地区 发电结构	北美洲	中南美洲	欧洲	独联体	中东地区	非洲
油电	1.04	7.03	1.19	0.80	23.45	8.49
气电	36.65	20.59	19.82	46.13	71.21	39.62
煤电	19.15	5.29	15.67	18.71	1.35	27.57
核电	17.14	1.87	21.89	15.47	1.08	1.16
水电	12.51	48.36	16.11	17.90	1.49	17.09
新能源	13.27	16.80	23.47	0.65	1.42	5.45
其他	0.25	0.05	1.84	0.35	0.00	0.62

资料来源：BP、国投安信期货。

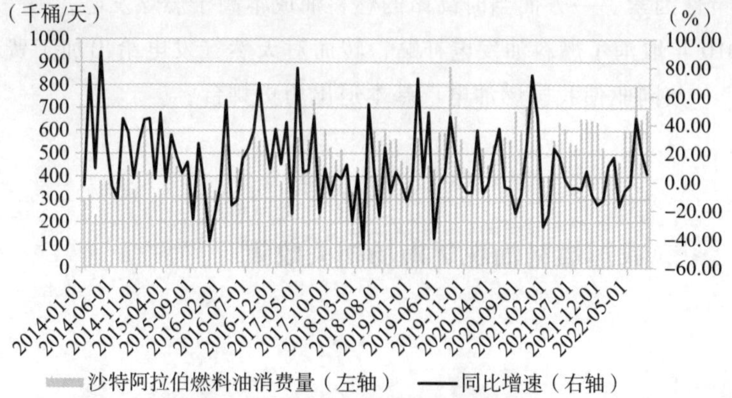

图2-7　沙特阿拉伯燃料油消费状况

资料来源：JODI、国投安信期货。

可见，全球电力行业的发展使燃料油在发电领域的需求日益减少（见图2-8），但呈现出明显的区域性特征。根据各国环保要求的不同，发电用燃料油的硫含量要求有较大差异。例如，沙特阿拉伯、孟加拉国仍可使用高硫燃料油，但日、韩需使用低硫燃料油，这就使北半球夏季时高硫燃料油季节性需求得到提振，但冬季增量主要体现在少部分低硫燃料油上。

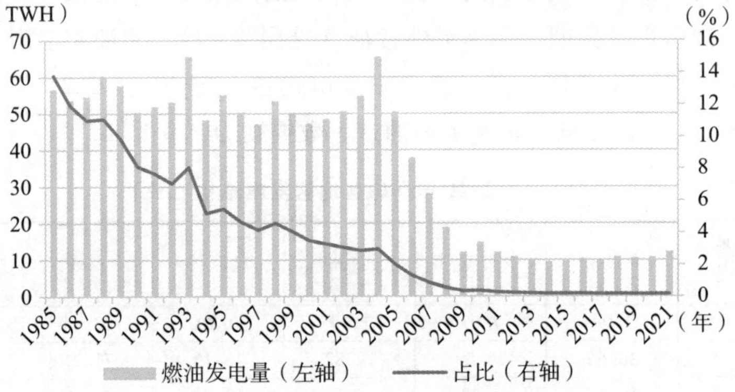

图2-8　燃料油发电量及在总发电量中的占比

资料来源：BP、国投安信期货。

我国燃料油发电的急剧减少主要在2006—2010年完成，燃料油发电量在总发电量中的占比由12%左右降至2%左右，其中既有经济性因素，也有环保政策性因素。一方面当时高昂的燃料油成本高于燃煤发电，另一方面我国于2010年取消了燃料油发电补贴，转而对天然气发电给出加工费和“气价补贴”，共同驱使我国燃油电厂基本退出历史舞台。

十、我国燃料油现货市场相关政策

我国燃料油现货市场的市场化程度相对较高，在税费、进出口、市场准入、环保要求等方面的相关政策不断完善发展，相关政策对我国燃料油市场结构具有决定性影响。

（一）消费税政策

《关于调整和完善消费税政策的通知》（财税〔2006〕33 号）规定，从 2006 年 4 月 1 日起，对我国现行消费税的税目、税率及相关政策进行调整，明确了成品油消费税的七大子税目：汽油、柴油、石脑油、溶剂油、润滑油、燃料油、航空煤油，暂按应纳税额的 30% 征收消费税。《关于调整部分成品油消费税政策的通知》（财税〔2008〕19 号）规定，从 2008 年 1 月 1 日起，燃料油按每升 0.1 元征收消费税。《关于提高成品油消费税税率的通知》（财税〔2008〕167 号）规定，从 2009 年 1 月 1 日起，将燃料油的消费税单位税额由每升 0.1 元提高到每升 0.8 元。此后燃料油消费税又被多次调整，目前燃料油消费税执行标准为 1.2 元/升（合 1218 元/吨）。

（二）出口退税政策

2020 年 1 月 22 日，财政部、税务总局、海关总署联合发布《关于对国际航行船舶加注燃料油实行出口退税政策的公告》。自 2020 年 2 月 1 日起，对国际航行船舶在我国沿海港口加注的燃料油实行出口退（免）税政策，增值税出口退税率为 13%。上述公告所述燃料油，是指产品编码为“27101922”的产品。海关对进入出口监管仓为国际航行船舶加注的燃料油出具出口货物报关单，纳税人凭此出口货物报关单等相关材料向税务部门申报出口退（免）税。

2020 年 4 月 28 日，商务部、海关总署将低硫船用燃料油纳入《出口许可证管理货物目录（2020 年）》，和《关于下达 2020 年第一批低硫船用燃料油出口配额的通知》同步发布，标志着自 2020 年 5 月 1 日起，我国将低硫的 5～7 号燃料油（硫含量不高于 0.5%，海关商品编码 2710192210）纳入出口许可证管理货物目录，实行出口配额管理制度。首批获得出口配额的企业为中石油、中石化、中海油、中化和浙石化。

在出口退税政策实施前，由于消费税在燃料油价格中占比较高，国产燃料油出口到保税市场进行保税船加注不具有可行性和经济性，出口退税政策的实施标志着国产燃料油可供应至保税船加油市场，但由于政策仅适用于硫含量不高于0.5%的低硫船用燃料油，故决定了保税船加油市场中高硫、低硫燃料油的供应结构具有重大差异。

（三）进口相关政策

燃料油进口实行国营贸易管理，同时，根据我国加入世界贸易组织议定书的相关规定，对一定数量的燃料油进口实行非国营贸易管理，由符合非国营贸易资质条件的企业在年度进口允许量内进口。2004年1月1日起，我国取消了燃料油的进口配额制度，实行进口自动许可管理。《2023年成品油（燃料油）非国营贸易进口允许量申领条件、分配原则和相关程序》中规定，2023年燃料油非国营贸易进口允许量为1620万吨。中石油、中石化、中海油、中化和珠海振戎五大国有进口企业没有进口数量限制。

（四）船用油环保政策

2015年12月2日，交通运输部发布了《珠三角、长三角、环渤海（京津冀）水域船舶排放控制区实施方案》，首次设立船舶大气污染物排放控制区，控制船舶硫氧化物、氮氧化物和颗粒物排放。该方案要求，自2016年1月1日起，排放控制区内有条件的港口，可以实施高于现行排放控制要求的措施，包括船舶靠岸停泊期间使用硫含量不高于0.5%的燃油。自2017年起，船舶在排放控制区内的核心港口区域靠岸停泊期间（靠港后的一小时和离港前的一小时除外），应使用硫含量不高于0.5%的燃油。2018年起，这一要求扩大至排放控制区内所有港口内靠岸停泊的船舶；2019年起扩大至进入排放控制区的所有船舶。

2017年10月27日，交通运输部等13个部门联合印发《关于加强船用低硫燃料油供应保障和联合监管的指导意见》提出：

（1）建立船用低硫燃料油基本供应制度；

（2）加快船用燃料油标准制修订；

（3）加大船用燃料油监管力度；

（4）加强船用燃料油监管部门协作。

2018年11月30日，交通运输部印发《船舶大气污染物排放控制区实施方案》，要求：

(1) 2019年1月1日起，海船进入排放控制区，应使用硫含量不大于0.5%的船用燃油，大型内河船和江海直达船舶应使用符合新修订的船用燃料油国家标准要求的燃油；其他内河船应使用符合国家标准的柴油。2020年1月1日起，海船进入内河控制区，应使用硫含量不大于0.1%的船用燃油。

(2) 2020年3月1日起，未使用硫氧化物和颗粒物污染控制装置等替代措施的船舶进入排放控制区只能装载和使用按照本方案规定应当使用的船用燃油。

(3) 2022年1月1日起，海船进入沿海控制区海南水域，应使用硫含量不大于0.1%的船用燃油。

(4) 适时评估船舶使用硫含量不大于0.1%的船用燃油的可行性，确定是否要求自2025年1月1日起，海船进入沿海控制区使用硫含量不大于0.1%的船用燃油。

2019年10月23日，交通运输部海事局印发《2020年全球船用燃油限硫令实施方案》，要求：

(1) 自2020年1月1日起，国际航行船舶进入中华人民共和国管辖水域应当使用硫含量不超过0.5%的燃油。燃油指为了船舶推进或操作而交付船上的用于燃烧的油类，包括馏分型燃油和残渣型燃油。

(2) 自2020年1月1日起，国际航行船舶进入我国内河船舶大气污染物排放控制区的，应当使用硫含量不超过0.1%的燃油；自2022年1月1日起，国际航行船舶进入我国船舶大气污染物排放控制区海南水域的，应当使用硫含量不超过0.1%的燃油。

(3) 自2020年3月1日起，国际航行船舶进入中华人民共和国管辖水域，不得装载硫含量超过0.5%的自用燃油。

(4) 国际航行船舶采用的替代措施满足《国际防止船舶造成污染公约》附则Ⅵ第4条所述等效要求的，可以免除本款第1、2、3项的要求。替代措施指船舶使用任何装置、设备或者替代燃料，使船舶取得与规定相同或者更好的大气污染减排效果的措施。自2020年1月1日起，船舶不得在我国船舶大气污染物排放控制区内排放开式废气清洗系统洗涤水。

（五）自贸区保税船用油相关政策

从 2017 年 4 月起，杭州海关先后出台了多项监管创新举措，包括：

（1）跨地区直供（跨关区直供），指供油企业跨舟山海关辖区到其他海关辖区开展国际航行船舶保税油直供业务，包括宁波、南京、上海等及关区内的嘉兴、温州、台州等地。

（2）港外锚地供油，指供油船对尚未进入港口内，在港口外锚地停泊的国际航行船舶供应保税油。

（3）一船多供，指单艘供油船舶在一个作业航次内对多艘受油船舶供应保税油。

（4）多船一供，指多艘供油船舶在一个作业航次内对一艘受油船舶供应保税油。

（5）先供后报，指从事国际航行船舶保税油供应的企业采用“先供油，后报关”模式开展业务。

（6）一库多供，指同一公用型保税仓库同时存储多家供油企业的保税油。供油企业利用公用型保税仓库开展保税油供应业务。

（7）港外锚地船舶实施“申报无疫放行”，指港外锚地实施加油的船舶如被判为低风险，不再专门进行疫情申报。

2017 年 8 月 8 日，海关总署出台《中华人民共和国海关保税油跨关区直供业务监管操作流程》，实现保税油跨关直供海关监管模式的制度突破，对上海、南京、杭州、宁波四地保税油跨关直供在海关监管操作层面予以明确，统一做法，有利于四地海关深入沟通协作，推进东北亚保税燃料油加注中心业务做大做强。2018 年 7 月 4 日，商务部办公厅关于中国（浙江）自由贸易试验区开展保税燃料油混兑调合加工贸易业务的复函中提出，支持注册在中国（浙江）自由贸易试验区内的企业以物理混兑调合方式开展保税燃料油混兑调合加工贸易业务。2019 年 8 月 2 日，国务院印发了《关于 6 个新设自由贸易试验区总体方案的通知》，其中，山东自贸试验区和河北自贸试验区的方案中均提及支持保税船用油业务的发展，并允许自贸试验区内注册企业开展不同税号下保税油品混兑调合业务，标志着保税船用油市场的开放之路又往前推进一步。

（六）保税船供油经营政策

目前，国际航行船舶保税油属国家特许经营，商务部发放了5张全国性的牌照，分别是中国船舶燃料有限责任公司、中石化浙江舟山石油有限公司、中石化长江燃料有限公司、中石化中海船舶燃料供应有限公司、深圳光汇石油集团股份有限公司。

为进一步加快国际航行船舶保税油业务发展，2017年舟山市发布《中国（浙江）自由贸易试验区国际航行船舶保税油经营管理暂行办法》（舟政发〔2017〕32号）。该办法适用于注册在中国（浙江）自由贸易试验区（以下简称“自贸区”）内企业的国际航行船舶保税油经营及相关监督管理工作。该办法所称国际航行船舶保税油经营，是指在杭州海关辖区内为国际航行船舶提供保税油的经营行为。2017年6月至2022年8月，已有13家船供油企业取得浙江自贸试验区区域牌照，但因浙江自贸试验区实行淘汰机制，有个别企业被暂停保税船供油业务，现有浙江自贸试验区区域牌照的企业为12家。随着2021年深圳、广州、海南等多地开始颁发区域牌照，保税船加油牌照数量再度迎来快速增长，至2022年8月，已有29家企业获得全国或区域牌照（见表2－5）。

表2－5　我国保税船加油牌照企业名单（至2023年8月）

编号	企业名称	企业性质	经营资质	资质核发时间
1	中国船舶燃料有限责任公司	国企	全国牌照	1972
2	中石化浙江舟山石油有限公司	国企	全国牌照	2006.07
3	中石化中海船舶燃料供应有限公司	国企	全国牌照	2006.07
4	中石化长江燃料有限公司	国企	全国牌照	2006.07
5	浙江浙石油海洋燃料有限公司	民企	舟山牌照	2017.06
6	浙江海港国际贸易有限公司	民企	舟山牌照	2018.03
7	深圳光汇石油集团股份有限公司	民企	全国牌照	2006.07
8	中油泰富船舶燃料有限公司	国企	舟山牌照	2017.06
9	信力石油（舟山）有限公司	民企	舟山牌照	2018.01
10	舟山国家远洋渔业基地集团船舶燃料供应有限公司	国企	舟山牌照	2018.01

续表

编号	企业名称	企业性质	经营资质	资质核发时间
11	浙江自贸试验区中石油燃料油有限责任公司	国企	舟山牌照	2019.06
12	中石油上港（舟山）能源有限公司	民企	舟山牌照	2020.11
13	浙江自贸试验区中石油国际事业有限公司	民企	舟山牌照	2020.11
14	托克能源（浙江）有限公司	中外合资	舟山牌照	2021.01
15	中化石油（舟山）有限公司	国企	舟山牌照	2021.07
16	浙江神州能源有限公司	民企	舟山牌照	2022.01
17	深圳市盐田港集团有限公司	国企	深圳牌照	2021.06
18	中石化中海深圳船舶燃料有限公司	国企	深圳牌照	2021.06
19	中海油销售深圳有限公司	国企	深圳牌照	2022.04
20	广州发展碧辟油品有限公司	中外合资	广州牌照	2022.02
21	广州元亨仓储有限公司	民企	广州牌照	2022.02
22	中石化燃料油（海南）有限公司	国企	海南牌照	2021.12
23	中石化中海（洋浦）船舶燃料供应有限公司	国企	海南牌照	2022.03
24	广州中石油燃料油有限责任公司	国企	广州牌照	2022.07
25	华南中石油国际事业有限公司	国企	广州牌照	2022.08
26	中石油上港能源有限公司	国企	上海牌照	2022.08
27	上海富远燃料油有限责任公司	国企	上海牌照	2022.08
28	广东省盐田港实华能源发展有限责任公司	国企	深圳牌照	2022.08
29	象屿国际贸易（浙江）有限责任公司	国企	舟山牌照	2022.08
30	浙江建发能源有限公司	民企	舟山牌照	2023.03
31	深圳昆仑燃料油有限责任公司	国企	深圳牌照	2023.06

资料来源：金联创，国投安信期货。

十一、我国燃料油市场供需趋势如何？

2018 年前，我国燃料油产量与表观消费量的趋势呈现出明显差异，主要是因为国内炼化格局及保税船加油市场均处于快速发展与变革期。具体来看，燃料油表观消费量整体呈现下滑趋势，与全球燃料油市场的特征相吻合。其中，在2006—2010年下降幅度较大，主要原因是此期间燃油发电厂被集中淘汰，发电用燃料油消费量大幅减少，2009年燃料油消费税的提高也对产需两端形成进一步压制。2010年后，在内贸船用油及炼厂深加工需求带动下，燃料油消费量小幅反弹，但随着2015年地方炼厂原油进口权和进口原油使用权的放开，国内燃料油消费量进一步下滑。2018年后，大炼化集中投产带来的深加工能力提升以及内贸船加油市场的发展减缓了燃料油消费的下行压力。但需注意，国家统计局及海关数据体现的表观消费量并不包括国际航行船舶所消费的保税船用燃料油，保税船供油销量在2020年至2021年间迎来爆发性增长，将在本章第十四部分详细说明。我国燃料油市场供需趋势具体见图2－9。

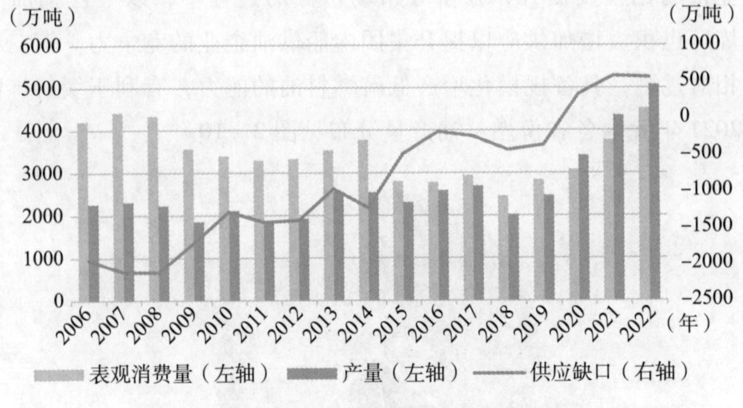

图2－9　我国燃料油生产量、消费量（不含保税市场）及供应缺口

资料来源：国家统计局、iFind。

我国燃料油产量近年来体现出稳中有升态势，但在全球油品轻质化的大背景下，其产量增速相对有限，燃料油产量增加主要得益于我国总炼能进入加速提升期，石油产品产量普遍实现了加速增长，2020年低硫燃料油出口退税政策的推出使燃料油产量跳升。目前我国燃料油产量已经大于国内消费量，主要原因是部分低硫资源出口供应至保税船加油市场。

十二、我国燃料油生产有何特征?

从地域分布来看，我国燃料油产量主要分布在山东、广东、浙江及辽宁等炼能较为集中的省份。2020 年以来，我国燃料油产量开启了新一轮增长，增量来自低硫燃料油，其原因主要有三点：第一在于我国低硫燃料油出口退税政策的推出，低硫燃料油出口至保税船加油市场已具备经济性，能够和进口资源形成竞争。第二在于 IMO 限硫政策的实施使全球海运用油需求结构发生深刻变化，也使我国迎来提升保税油市场份额的重大机遇，国内保税船供油企业市场化程度提升，在争夺市场份额的过程中，以“三桶油”为主的相关炼厂也积极增加供应以提升集团内船供油企业的竞争力。第三在于我国炼能相对过剩，具备规模化增产低硫燃料油的能力，有利于缓解炼能紧张趋势。2021 年我国各省份燃料油产量分布见图 2-10。

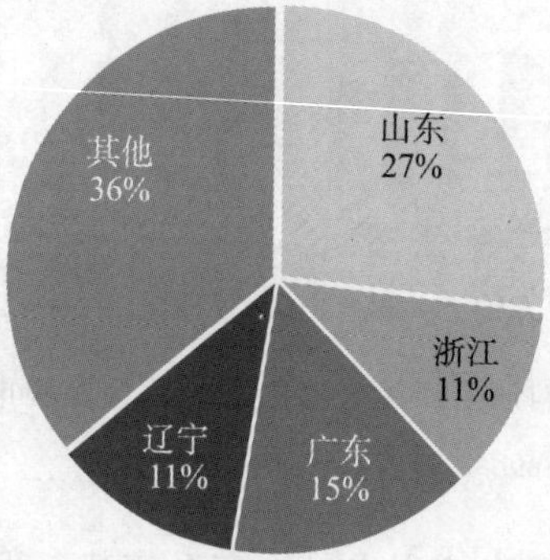

图 2-10 2021 年全国各省份燃料油产量分布

资料来源：同花顺、国家统计局。

从各集团供应到保税市场的低硫燃料油生产情况来看，在低硫燃料油规模化生产的前两年，中石化总体占比较大，但中石油增速较快。2022 年上半年，中石化低硫燃料油月均产量 58.3 万吨，中石油月均产量 49.8 万吨，中海油月均产量 9.1 万吨，全国低硫燃料油月均产量已高达 120.1 万吨。按照主营炼厂在 2020 年提出的产能目标，2023 年主营炼厂低硫燃料油年产能将达 3000 万吨。具体到各集团内的炼厂来看，中石化低硫燃料油产量较大的炼厂主要有青岛石化、扬子石化、海南炼化、齐鲁石化、金陵石化、高桥石化、茂名石化、胜利石化等，中石油低硫燃料油产量较大的炼厂主要有辽河石化、大港石化、锦州石化、大连西太、华北石化、广西石化等。此外，中海油舟山炼厂及惠州石化也实现了低硫燃料油的规模化生产。我国供应至保税船加油市场的低硫燃料油产量分炼厂来源结构与我国低硫燃料油主营炼厂产能目标情况见图 2－11 和表 2－6。

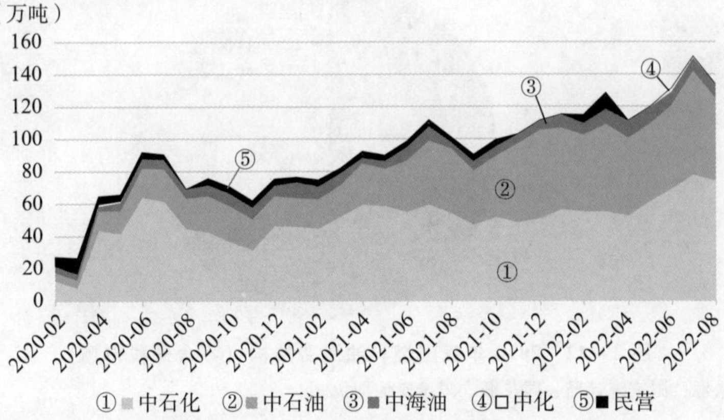

图 2－11　我国供应至保税船加油市场的低硫燃料油产量分炼厂来源结构

资料来源：金联创。

表 2－6　　我国低硫燃料油主营炼厂产能目标　　（单位：万吨）

归属	2020 年	2021 年	2022 年	2023 年
中石化	1000	—	—	1500
中石油	400	800	—	—
中海油	360	—	600	—
中化	55	100	—	—
总量	1815	2260	2500	3000

资料来源：国投安信期货根据公开资料整理。

十三、我国燃料油需求结构如何？

本部分所述燃料油消费与国家统计局口径相统一，不包含保税船加油市场。2010 年至 2020 年，我国燃料油消费结构发生了翻天覆地的变化（见图 2－12、图 2－13），一方面得益于我国炼化产能的飞速增长，炼厂深加工领

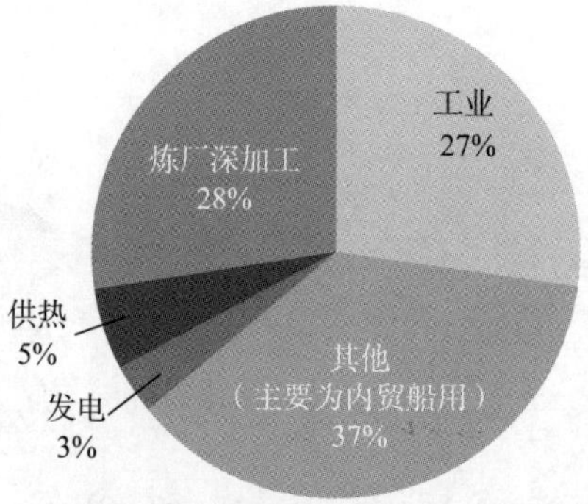

图 2－12　2010 年我国燃料油消费结构（不含保税市场）

资料来源：国家统计局、同花顺、国投安信期货。

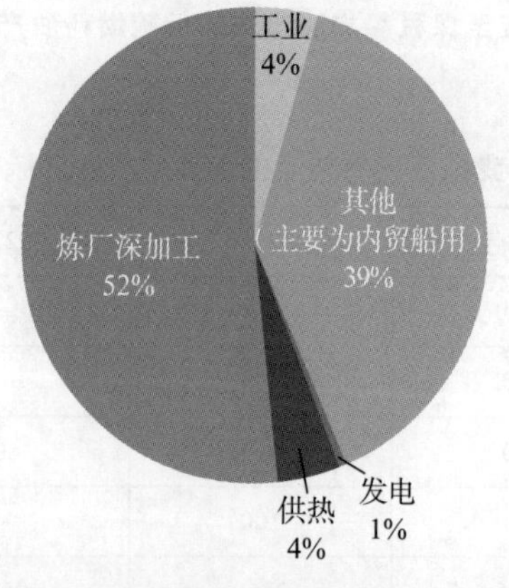

图 2－13　2020 年我国燃料油消费结构（不含保税市场）

资料来源：国家统计局、同花顺、国投安信期货。

域在燃料油消费结构中占比提升且占据国内消费的主导地位；另一方面，由于受环保和能源结构转型升级的制约，燃料油在工业及发电领域的消费占比进一步下滑，也体现出其在工业领域的燃烧作用正逐步退出历史舞台。

分地区来看，山东地区是国内燃料油消费的绝对主力（见图 2－14），主要原因是山东的地方炼厂长期以来形成的装置、产品结构及原油进口配额限制等使燃料油深加工需求相对旺盛。

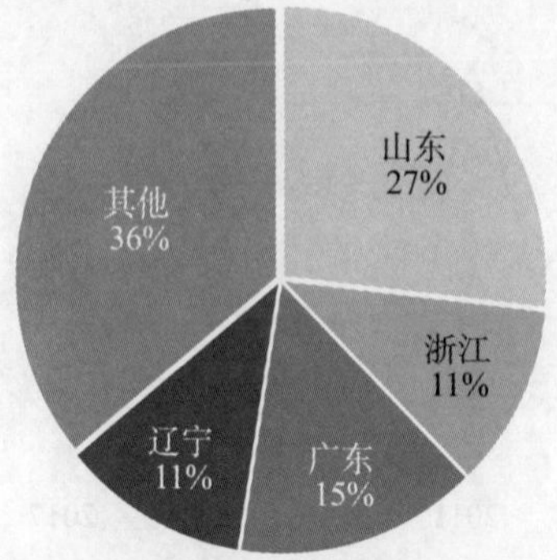

图 2－14　2021 年国内燃料油地区消费量占比（不含保税市场）

资料来源：国家统计局、iFind、国投安信期货。

另外，近年来，一个更为明显的变化是，以船用燃料油为代表的交通运输用油量逐渐提升。2020 年，内贸船用油在国内燃料油消费中的占比在 38% 左右，是继炼化深加工外最主要的消费领域。由于深加工只属于中间环节消费，内贸船用油可以被视为终端消费环节中燃料油消费量最大的领域。

十四、我国保税船加油市场发展趋势及特征有哪些？

即使不考虑保税船用油，内贸船用燃料油消费量在我国燃料油消费中占比已经较高，如果再把近年来高速发展的保税船用油市场规模考虑在内，船用燃料油在我国燃料油消费中已占绝对主导地位。2021 年我国保税市场船用油销量已高达 2063 万吨，2019—2021 年平均年增速达 20.8%（见图 2 - 15）。2020 年至 2022 年 5 月我国低硫燃料油销量情况见图 2 - 16。舟山地区得益于优越的地理位置与自贸区保税船供油相关政策的支持，2021 年保税船用油销量达 550 万吨，跃居全球前五大船加油港之列。

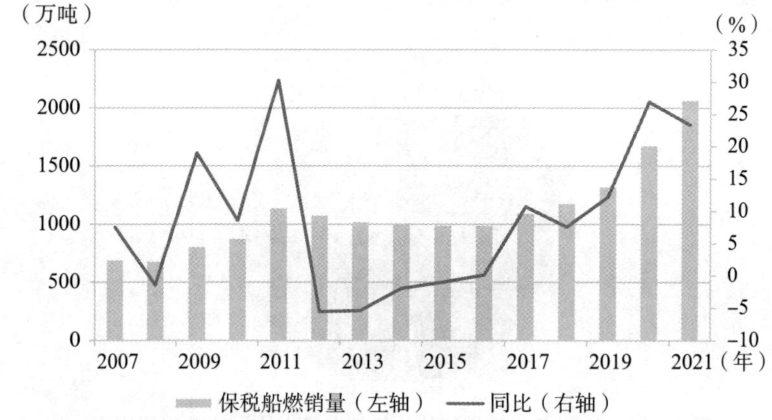

图 2 - 15 我国保税燃料油销量

资料来源：金联创、国投安信期货。

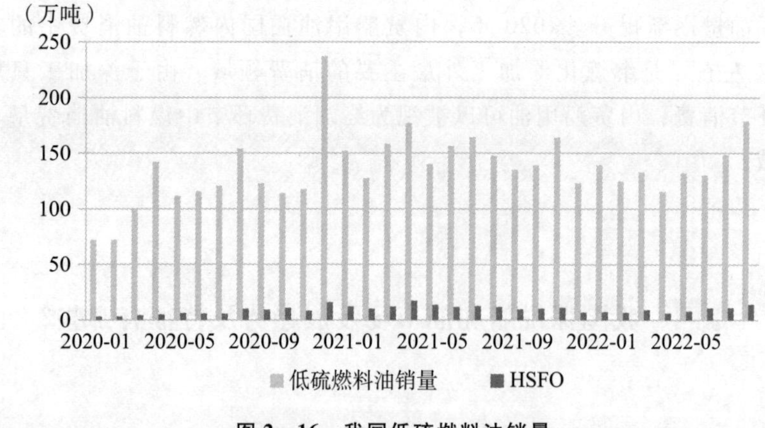

图 2 - 16 我国低硫燃料油销量

资料来源：金联创、国投安信期货。

2020 年前，我国保税燃料油市场和海外市场一样，以销售高硫燃料油为主，2020 年全球海运限硫令实施后，我国低硫燃料油销量大幅增加，2022 年上半年，月均销量达 129 万吨，而同期保税燃料油市场高硫燃料油及船用柴油的月均销量为 8 万吨，我国保税船加油市场低硫燃料油占比为 89%，远高于新加坡市场 60% 左右的水平，其原因主要在于我国保税船用油市场高硫、低硫货源结构具有明显差异。

对于我国保税船用燃料油市场来说，内贸市场的资源供应主要来自我国本土的炼厂及调油商，保税市场的资源供应在 2020 年以前基本完全来自进口，低硫燃料油出口退税政策使国内炼厂生产的低硫燃料油得以供应至保税船加油市场，低硫燃料油自给率在 2022 年上半年已超过 80%（见图 2－17），但高硫燃料油仍完全依赖进口。在此背景下，我国具有保税船用油加注牌照的船供油商亦把经营的增量集中在低硫燃料油市场，尤其是具备国内炼厂货源的中石油及中石化集团下属的船加油企业。

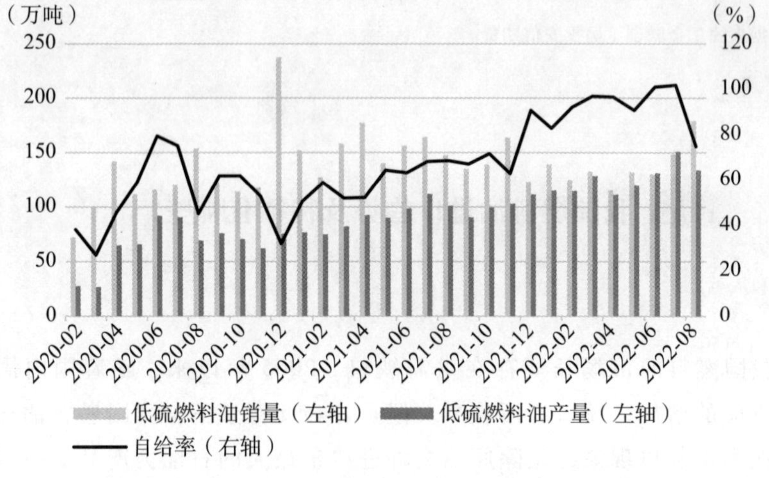

图 2－17　国内低硫燃料油产量、销量及自给率

资料来源：金联创、国投安信期货。

从目前国内保税船供油销量的市场结构来看（分企业），中石化浙江舟山石油有限公司以及中国船舶燃料有限责任公司占据了近 85% 的市场份额，浙江自贸试验区中石油燃料油有限责任公司、中石化中海船舶燃料供应有限公司、中石化长江燃料有限公司、浙江海港国际贸易有限公司等企业也具有一定规模的供油量（见图2－18）。

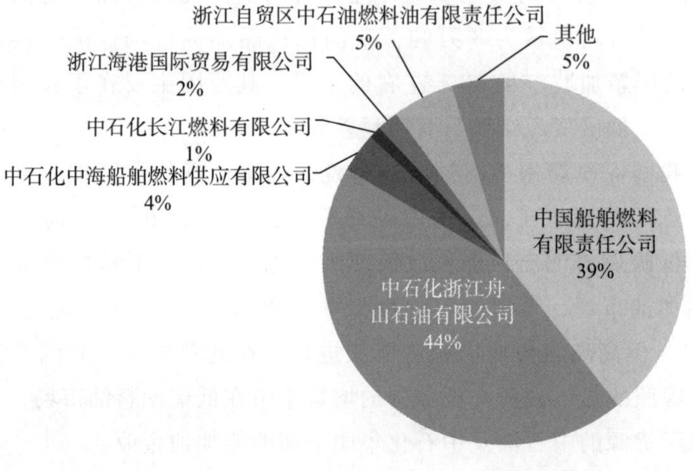

图2－18　2022年8月全国保税船供油企业销量占比

数据来源：金联创、国投安信期货。

十五、我国燃料油进口趋势及特征有哪些？

我国燃料油市场长期存在供需缺口，2005年以来，随着国内需求减少及供应的增加，缺口有所收窄。但是，在此背景下，我国燃料油长期仍然存在大量进口现象，是除原油之外进口量最大的石油类产品。一方面我们石油上游资源相对匮乏，燃料油具有较强的原料属性，阶段性受到炼厂进口深加工的青睐；另一方面，我国保税船加油市场规模逐步扩大，也需要大量海外燃料油资源。但需注意的是，2020年开始，低硫燃料油国产资源大量供应至保税船加油市场后，保税燃料油的进口量开始显著降低（见图2－19）。

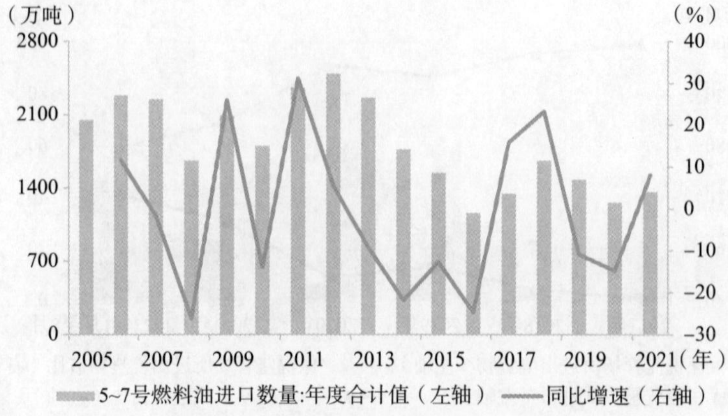

图 2－19　燃料油进口量及同比增速

资料来源：同花顺、国投安信期货。

根据进口方式进行分类，我国燃料油进口以保税监管场所进出境货物和一般贸易为主。其中，保税监管场所进出境货物主要来自保税燃料油进口需求，进口品种以混调燃料油为主，一般贸易进口货物主要来自地方炼厂加工原料进口需求，进口品种以直馏燃料油为主。2022 年 1 月至 8 月我国燃料油产量为 3440. 9 万吨，同比增加 762. 7 万吨，增长 28. 48%，其中，低硫船用燃料油产量增长明显。随着国内炼厂低硫燃料油产量的稳步提升，我国保税船用燃料油进口依存度降低，2020 年以来，保税监管场所以进出境货物方式进口的燃料油数量逐年递减，而以一般贸易方式进口的燃料油数量逐年递增。海关数据显示，2022 年 1 月至 8 月，以一般贸易方式进口 5 ~7 号燃料油 271. 56 万吨，同比增长 56. 32 万吨，增长 26. 75%（见图 2－20）；保税监管场所进出境货物进口燃料油数量为 392. 19 万吨，同比减少 277. 88 万吨，减少 41. 47%。

从进口地区来看，海关数据显示，保税船用油消费最大的浙江省逐渐替代深加工消费最大的山东省，成为全国第一的燃料油进口大省。2021 年，浙江省占燃料油进口最大份额，进口燃料油数量为 638. 83 万吨，占比 47%；北京市排在第二位，进口燃料油数量为 275. 835 万吨，占比 20%。山东省排在第三位，进口燃料油数量为 241. 5 万吨，占比 18%（见图 2－21）。

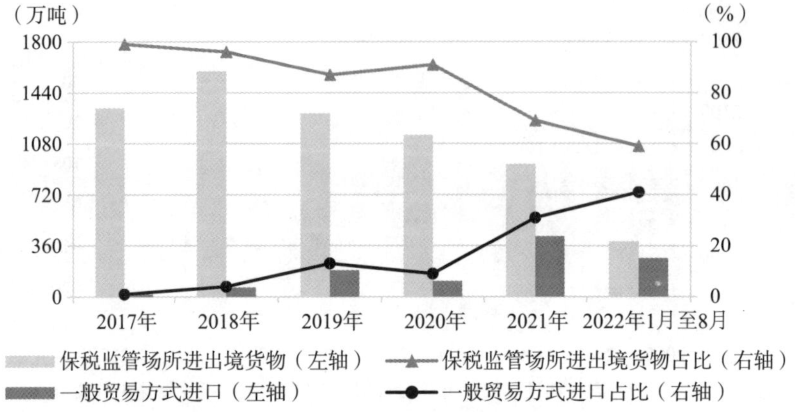

图 2－20　5～7 号燃料油进口量按贸易方式分布

注：2022 年数据仅包括 1 月至 8 月。

资料来源：海关总署、国投安信期货。

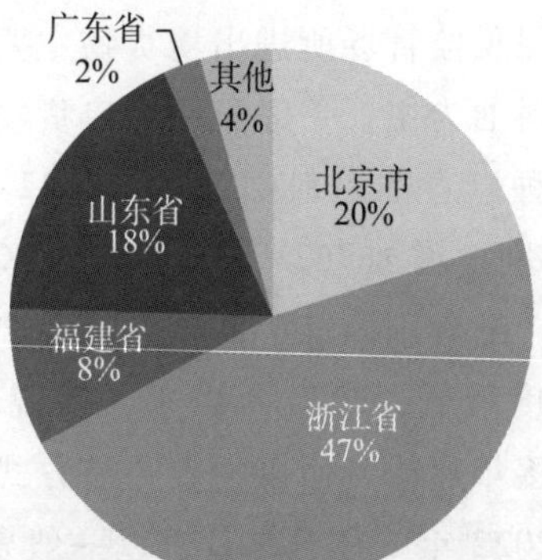

图 2－21　2021 年我国燃料油进口量按注册地分布

资料来源：海关总署、国投安信期货。

从进口来源地来看，我国进口的大部分燃料油来自周边国家和地区，其中，70% 以上来自马来西亚、新加坡、俄罗斯和韩国（见图 2－22）。马来西亚逐渐取代新加坡，成为我国燃料油进口的最大来源国；近些年，由于俄罗斯燃料油质优价廉，我国进口自俄罗斯的燃料油数量不断攀升。

海关数据显示，2021 年中国四大进口来源地依次是马来西亚、新加坡、俄罗斯及韩国，它们的份额占比分别为 53%、13%、10%、2%。其中，来自马来西亚的5～7号燃料油数量同比上涨69.11万吨，增长11%，市场份额较2020年增长约1个百分点；来自俄罗斯的5～7号燃料油数量同比上涨62.93万吨，增长80%，市场份额较2020年增长约4个百分点。

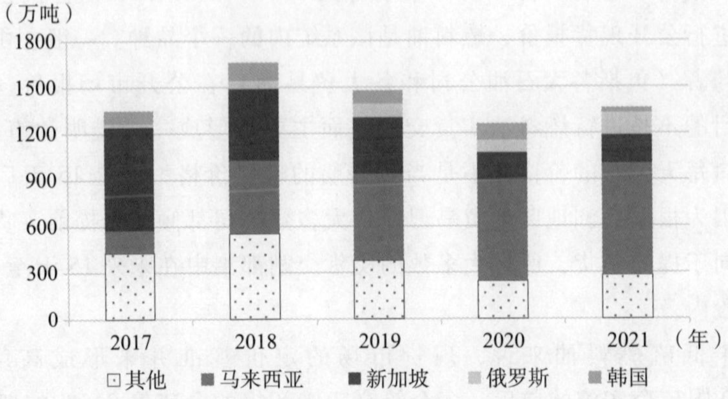

图2－22　2017—2021年我国燃料油部分国家进口情况

资料来源：海关总署、国投安信期货。

十六、燃料油期现货市场定价模式如何？

从国际市场来看，国际燃料油市场计价基准主要基于船用规格，交易活跃的作价方式遍布全球最主要的几个资源地和消费地。此前活跃于市场的高硫燃料油在各地区已经具有较为稳定的价格基准，主要依赖于普氏价格体系，如鹿特丹地区主要参照Platts Rotterdam Barges，美湾地区主要参照Platts USGC 3.0% No.6，地中海地区主要参照MOP MED（Mean of Platts Mediterranean），中东地区主要参照MOP AG（Mean of Platts Arab Gulf），远东地区主要参照MOPS（Mean of Platts Singapore）。其中，MOPS（Mean of Platts Singapore）是新加坡普氏的定价机制。

新加坡是全球最大的船用油加注港，也是全球燃料油贸易的主要集散地，长期以来，贸易商通过中东地区和周边国家采购各种燃料油所需的调和原料，在新加坡调和后供应到全球各大港口。因此 MOPS 价格在全球燃料油现货市场中非常重要，该价格通常是普氏公司按照普氏窗口的纸货和实货报价及成交情况确定的。普氏公开市场每天 16：00—16：30 在普氏公开报价系统上进行公开现货报价，燃料油是该系统内的一个品种。一般，由准入的市场参与者（包括各大石油公司和各大贸易商）在公开市场报价。该市场的主要目的不是进行燃料油实货交割，而主要是形成一个透明的市场价格。普氏窗口每天公布的价格并不是当天装船的现货价格，而是 15 天后交货的价格。因为根据亚洲地区的贸易习惯，大多数公司都倾向于提前买货，而卖方也倾向于提前卖货，所以大多数的实货交割都集中在未来 15 天至 30 天这个时间段内。

对于低硫燃料油来说，现货市场的定价基准并未形成高度统一，IMO2020 限硫令实施的前后，多个符合船燃新规的含硫量 0.5% 的船用燃料油价格基准陆续推出，例如 Platts Marine Fuel 0.5% FOB Singapore、Platts USGC Marine Fuel 0.5% 等。限硫令实施的前两年间，低硫燃料油现货贸易仍常见于以 10ppm 柴油作为基准价进行定价，但以含硫量 0.5% 的船用燃料油作为定价基准的贸易量在不断增加。

此外，新加坡还存在活跃的纸货市场，大致形成于 1995 年前后。纸货市场是以现金交割的场外市场，由于主要是在纸面上的交易，故人们习惯上称其为“纸货交易”。纸货交易的交易品种主要有原油、石脑油、汽油、柴油、航煤和燃料油。纸货交易虽然属于场外交易，但其价格形成基于普氏市场估价，透明度高，亚太参与者众多，这些特点使纸货交易受到市场欢迎。ICE 和 CME 等交易所都有新加坡燃料油纸货产品，以新加坡 MOPS 为结算价，是以现金结算的场外掉期合同（Swap）。纸货市场与燃料油相关的可以交易的产品包括 380CST 燃料油、180CST 燃料油、含硫量 0.5% 的船用燃料油、月间差、黏度差、裂解价差等。

目前，新加坡 MOPS 价格是亚洲燃料油期现货市场的定价基准，我国燃料油进口以及保税市场的燃料油贸易高度依赖新加坡价格基准，但上海燃料油及低硫燃料油期货的推出在一定程度丰富了亚洲市场价格体系，与新加坡市场形成高度联动。

十七、上海燃料油与低硫燃料油期货定价逻辑是什么？

目前，燃料油是我国石油产品中市场化程度较高的一个品种。在2001年10月15日国家计委公布的新的石油定价办法中，正式放开燃料油的价格，燃料油的流通和价格完全由市场调节，国内价格与国际市场基本接轨，产品的国际化程度较高。对于保税市场而言，由于低硫燃料油出口退税政策推出前，低硫燃料油基本完全依靠进口，保税市场的燃料油贸易及船加油定价高度依赖新加坡价格基准。虽然国产低硫燃料油资源供应至保税船加油市场的体量不断增加，我国定价地位有所改善，但保税市场国产与进口共存的局面使进口成本在定价因素中仍然较为重要，因此，在评估上海燃料油与低硫燃料油期货价格时，一般习惯于先锚定进口成本，再根据我国保税市场供需面的特殊情况对内外盘价差进行分析。

由于燃料油与低硫燃料油期货都采用“净价交易、保税交割、人民币计价”的模式，交易价格为不含消费税、增值税和关税的净价。因此，进口保税低硫燃料油成本一般按照下列公式计算：

进口保税低硫燃料油成本 =（MOPS 价格 + 贴水）× 汇率 + 其他费用

其中，汇率按当天的外汇牌价计算，其他费用包括港务费、港口设施保安费、货代费、油污基金、码头装卸费、仓储费、商检费等。如果需要将保税低硫燃料油转运至境内，成本需按照下列公式计算：

进口保税低硫燃料油转运至境内的成本 = [（MOPS 价格 + 贴水）× 汇率 ×（1 + 关税税率）+ 消费税] ×（1 + 增值税）+ 其他费用

其中，增值税税率13%，关税税率1%，消费税每升1.2元，折合为每吨1218元（税费为2020年标准）。

我国成品油定价体系经过多次改革，市场化程度大幅提高，但仍有一定政策调节因素，对燃料油市场来说，其价格已基本实现了完全市场化，但与国内汽油、柴油等成品油市场并不是毫无关系。例如，国内炼厂在因价格因素或出口政策因素影响下，汽油、柴油产量需要调整时，可能对低硫燃料油产量进行调整。

延伸阅读

我国成品油定价体系改革进程

1998年6月3日，原国家计委出台《原油成品油价格改革方案》，规定中石油和中石化两个集团公司之间原油交易结算价格由双方协商确定，价格由原油基准价和贴水两部分构成。

其中，原油基准价由原国家计委根据国际市场相近品质原油上月平均价格确定，贴水由购销双方协商确定。汽、柴油实行政府指导价，以原国家计委按进口完税成本为基础，加国内合理流通费用，确定零售中准价，中石油、中石化集团公司在此基础上在上下浮动5%的幅度内确定具体零售价。尽管与计划经济时代的政府定价相比，这是一个重大跨越，但上述方案有一个致命缺陷：任何油品供应商甚至是消费者，都可根据固定的公式算出下一个月的油价走势，价格过度透明导致了国内油品市场上过度的投机炒作。

2000年6月，我国政府建立了国内成品油价格随新加坡成品油市场价格每月一调的机制。以新加坡市场汽、柴油离岸价为基础，计算进口到岸完税成本作为国内汽、柴油出厂环节的接轨价格，零售环节的基准价等额调整，中石油、中石化两大集团在零售基准价±5%浮动内制定具体零售价格。

2001年10月17日，原国家计委进一步改革了成品油价格形成机制：一是将国内汽、柴油价格由与新加坡市场单一挂钩改为与新加坡、鹿特丹和纽约三地市场价格挂钩。以三地市场汽、柴油离岸价格为基础，计算进口到岸完税成本作为国内汽、柴油出厂环节的接轨价格（注：航空煤油仍单独接轨新加坡市场）。二是两大石油集团在零售中准价基础上允许浮动范围由5%扩大为8%。三是由国际市场成品油价格变化超过5%改为超过8%时，才相应调整国内成品油价格。

2006年3月26日，国家发展改革委在宣布成品油价上调的同时，向地方传达了石油综合配套改革方案。方案包括两大内容：一是成品油价由原来的与国际成品油价直接接轨，改为以国际市场原油价格为基础，加上国内合理加工成本和适当利润确定。二是推出“四个配套机制”，包括：建立石油企业内部上下游利益调节机制；建立相关行业价格联动机制；建立对种粮农民等部分弱势群体和部分公益性行业给予补贴的机制；建立原油涨价收入的财政调节机制。

2007年1月，国家发改委正式发布“原油加成本”的成品油定价体系方案，即以布伦特、迪拜、米纳斯三地原油价格为基准平均值，再加上炼油成本和适当的利润以及国内关税、成品油流通费等，共同形成国内成品油零售基准价。

2008年11月，国家制订国内成品油价格形成机制改革方案：一是汽、柴油零售基准价格由“上下浮动”改为实行最高零售价格制，并适当缩小流通环节差价。最高零售价格，是以出厂价格为基础，加上流通环节差价来确定的。二是将原来允许企业根据政府指导价格上下浮动8%降为4%左右，折成额度取整确定。

2009年5月，国家发展改革委发布《石油价格管理办法（试行）》，对之前的改革方案进行了进一步调整，规定当国际市场原油连续22个工作日移动平均价格变化超过4%时，可相应调整国内成品油价格。当国际市场原油价格低于每桶80美元时，按正常加工利润率计算成品油价格；高于每桶80美元时，开始扣减加工利润率，直至按加工零利润计算成品油价格；高于每桶130美元时，汽、柴油价格原则上不提或少提价。

2013年3月，在2009年出台的《石油价格管理办法（试行）》的基础上，我国作出以下调整：一是缩短调价周期，新机制将成品油计价和调价周期由22个工作日缩短为10个工作日；二是取消±4%的幅度限制，汽、柴油价格在10个工作日涨跌幅达到50元/吨时即进行调整，当调价幅度低于50元/吨时，纳入下次调价时累加或冲抵；三是调整国内成品油价格挂靠油种，根据进口原油结构及国际市场原油贸易变化，政府相应调整国内成品油价格挂靠油种。

2016年1月13日，国家发改委发布通知，决定进一步完善成品油价格机制，设置调控上下限。调控上限为每桶130美元，下限为每桶40美元，即当国际市场油价高于每桶130美元时，汽、柴油最高零售价格不提或少提价；低于40美元时，汽、柴油最高零售价格不降低，当国际市场原油价格低于40美元调控下限时，成品油价格未调金额全部纳入风险准备金，设立专项账户存储，经国家批准后使用，主要用于节能减排、提升油品质量及保障石油供应安全等方面。

延伸阅读

石油价格管理办法

第一章　总则

第一条　为规范石油价格行为，根据《中华人民共和国价格法》和《国务院关于实施成品油价格和税费改革的通知》（国发〔2008〕37号）等有关规定，制定本办法。

第二条　在中华人民共和国境内从事石油生产、批发和零售等经营活动的价格行为，适用本办法。

第三条　本办法所称石油包括原油和成品油，成品油指汽油、柴油。石油价格包括原油价格和成品油价格。成品油价格根据流通环节和销售方式，区分为供应价格、批发价格和零售价格。

第四条　原油价格实行市场调节价。成品油区别情况，分别实行政府指导价和政府定价。

（一）汽、柴油零售价格和批发价格，向社会批发企业和铁路、交通等专项用户供应汽、柴油供应价格，实行政府指导价。

（二）向国家储备和新疆生产建设兵团供应汽、柴油供应价格，实行政府定价。

第二章　价格制定与调整

第五条　汽、柴油最高零售价格以国际市场原油价格为基础，考虑国内平均加工成本、税金、合理流通环节费用和适当利润确定。

第六条 当国际市场原油价格低于每桶40美元（含）时，按原油价格每桶40美元、正常加工利润率计算成品油价格。高于每桶40美元低于80美元（含）时，按正常加工利润率计算成品油价格。高于每桶80美元时，开始扣减加工利润率，直至按加工零利润计算成品油价格。高于每桶130美元（含）时，按照兼顾生产者、消费者利益，保持国民经济平稳运行的原则，采取适当财税政策保证成品油生产和供应，汽、柴油价格原则上不提或少提。

第七条 汽、柴油价格根据国际市场原油价格变化每10工作日调整一次。调价生效时间为调价发布日24时。当调价幅度低于每吨50元时，不作调整，纳入下次调价时累加或冲抵。当国内价格总水平出现显著上涨或发生重大突发事件，以及国际市场油价异常波动等特殊情形需对成品油价格进行调控时，由国家发展改革委报请国务院同意后，可以暂停、延迟调价，或缩小调价幅度。特殊情形结束后，由国家发展改革委报请国务院同意，成品油价格调整继续按照本办法确定的规则执行。

第八条 已实行全省统一价格的省（自治区、直辖市）以及暂未实行全省统一价格的省（自治区、直辖市）中心城市，汽、柴油最高零售价格按本办法第五条确定。暂未实行全省统一价格的省（自治区、直辖市）非中心城市，汽、柴油最高零售价格以中心城市最高零售价格为基础加（减）地区间价差确定。地区间价差由省级价格主管部门依据运杂费等因素核定。省内划分的价区原则上不超过3个，价区之间的价差不高于每吨100元。省际之间价差应适当衔接。省级价格主管部门要将省内价区具体安排报国家发展改革委备案。成品油零售企业在不超过汽、柴油最高零售价格的前提下，自主制定具体零售价格。

第九条 成品油批发企业对零售企业的汽、柴油最高批发价格，合同约定由供方配送到零售企业的，按最高零售价格每吨扣减300元确定；合同未约定由供方配送的，在每吨扣减300元的基础上再减运杂费确定。运杂费由省级价格主管部门制定。品油批发企业在不超过汽、柴油最高批发价格的前提下，与零售企业协商确定具体批发价格。当市场零售价格降低时，批发价格要相应降低。合同约定由供方配送的，批零价差不得低于每吨300元，并不得另外收取运杂费；合同未约定由供方配送的，扣除运杂费后，批零价差不得低于每吨300元，并不得强制配送。

第十条 成品油生产经营企业对具备国家规定资质的社会批发企业的汽、柴油最高供应价格，按最高零售价格每吨扣减400元确定。成品油生产经营企业在不超过汽、柴油最高供应价格的前提下，与社会批发企业协商确定具体价格。当市场零售价格降低时，对社会批发企业供应价格相应降低，价差不得低于每吨400元。

第十一条 成品油生产经营企业对铁路、交通等专项用户的汽、柴油最高供应价格，按全国平均最高零售价格每吨扣减400元确定。成品油生产经营企业在不超过最高供应价格的前提下，与铁路、交通等专项用户协商确定具体供应价格；当市场零售价格降低时，对专项用户供应价格相应降低。专项用户是指历史上已形成独立供油系统的大用户，具体名单由国家发展改革委确定。

第十二条 成品油生产经营企业对国家储备、新疆生产建设兵团汽、柴油供应价格，按全国平均最高零售价格扣减流通环节差价确定。

第十三条 本办法第五条至第十二条汽油、柴油价格均指标准品价格。国家发展改革委制定成品油标准品与非标准品的品质比率。非标准品价格按照标准品价格和规定的品质比率确定。

第十四条 省级价格主管部门会同有关部门制定本省（自治区、直辖市）汽、柴油吨与升折算的系数。

第十五条 乙醇汽油价格政策按同一市场同标号普通汽油价格政策执行。

第三章 信息发布

第十六条 国家发展改革委在门户网站公布按吨计算的汽、柴油标准品最高零售价格，国家储备、新疆生产建设兵团用汽、柴油供应价格，以及汽油、柴油标准品与非标准品的品质比率。

第十七条 省级价格主管部门在指定网站公布本地区汽、柴油标准品和非标准品最高批发价格和最高零售价格。

第十八条 主要成品油生产经营企业通过所在地新闻媒体公布本公司的汽、柴油具体批发价格和零售价格。

第四章 价格监督检查

第十九条 成品油批发、零售企业要在显著位置标识成品油的品名、规格、计价单位、价格等信息。经营企业在销售成品油时，不得以其他名目在国家规定的成品油价格之外加收或代收任何费用。

第二十条 价格主管部门依法对成品油生产、批发和零企业的价格活动进行检查，并依照法律法规规定对价格违法行为实施行政处罚。

第五章 附则

第二十一条 本办法由国家发展改革委负责解释。

第二十二条 本办法自公布之日起施行，原《石油价格管理办法（试行）》同时废止。

十八、石化产业链价格传导以及对燃料油的影响如何？

在石化产业链（见图 2 - 23）中，原油开采无疑是源头，成品油加工、石化处于上中游，化纤、橡胶、塑料制品等行业则处于产业链下游。原油及其加工品等上中游产品价格的上涨，不可避免地要传导到下游产品中，对相关行业构成不同程度的影响。具体到各个行业，甚至子行业，因为产品价格传导能力强弱不同，其对各行业经济效益的影响也不尽相同。

石化产业链末端产品的价格经由各自产业链的加工环节传导形成。石脑油通过裂解或重整可制取乙烯、丙烯、丁二烯等烯烃和苯、甲苯、二甲苯等芳烃。石油经轻馏分、天然气经蒸汽转化、重油经部分氧化，均可制取合成气，进而生产合成氨、合成甲醇等。三烯三烃经与无机产品反应，可获得中间体，包括聚乙烯（PE）、乙二醇（EG）、聚乙烯醇、丙烯腈、己内酰胺、对二甲苯等，也就是生产合成树脂、合成橡胶等产品的原料。

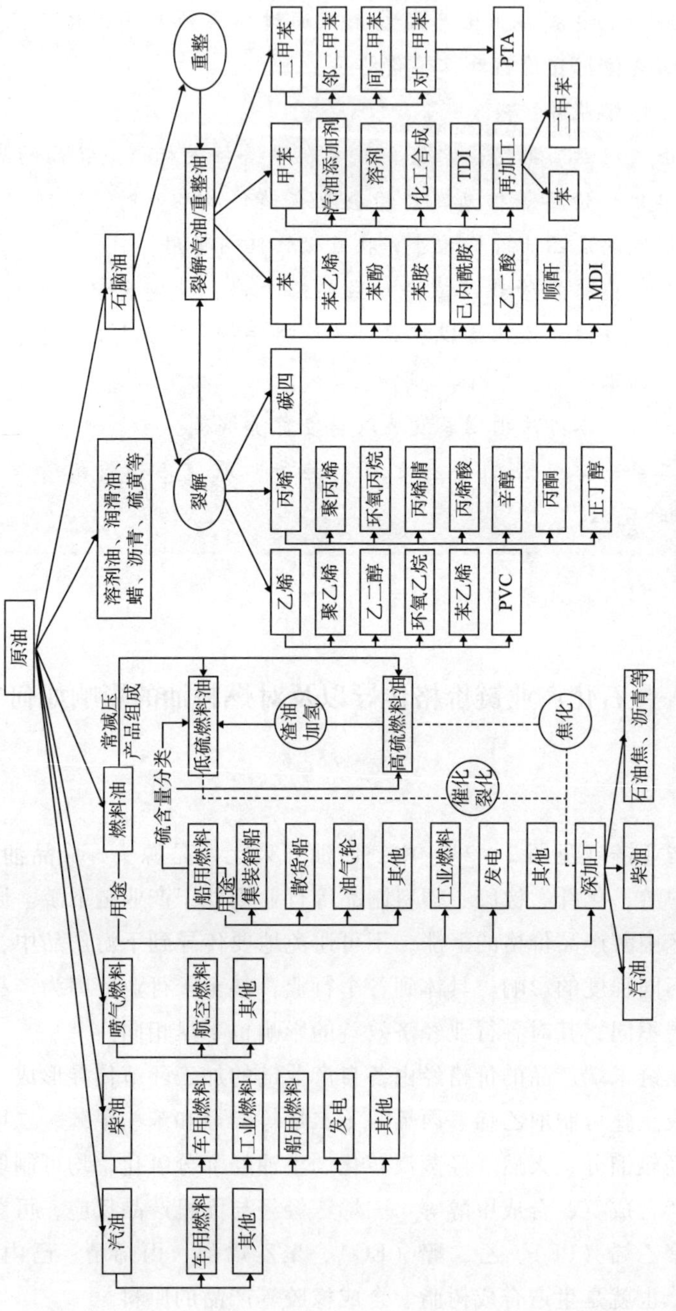

图2-23 高硫、低硫燃料油与石化产业链的关系

资料来源：国投安信期货。

从石化产业链整体来看，下游产品价格的形成主要受两种因素主导：一是消费拉动，二是成本推动。在这两种因素之间，价格传导的过程和效果也大不相同。

在消费拉动的情况下，受下游需求增长的影响，价格开始上涨。此时，该加工环节的边际利润也随之增长，进而拉动原材料价格上涨。这一过程在产业链中的每个加工环节中重复，直至传导至产业链的源头石脑油（或者天然气）。这一过程有时也会在某一环节受到阻碍，特别是在产能远远大于产量或者需求的环节。

在成本推动的情况下，产业链源头原材料价格率先上涨，其结果往往是将增加的原材料成本转嫁到该加工环节的产品价格之中。这一过程在产业链中的每个加工环节中重复，直至传导至产业链末端的终端产品。不同的是，成本的推动不如需求的拉动那么顺利。由于产业链中某一环节受到阻碍，无法完成价格传导过程，致该加工环节的边际利润降低，甚至处于亏损状态。事实上，上游价格的向下传导，必须得到下游产品消费市场的消化。一旦价格超过了消费者愿意接受的程度，该产品将面临积压的命运，价格根本无法继续传导。结果该产品不得不亏损销售，生产企业也必须承受亏损，直到价格能够向下传导为止。

与上述两种情况相反的是，消费萎缩和成本下降时的传导过程。当消费萎缩时，产品开始积压，企业开始减产，导致该加工环节的原材料价格下降。这一过程逐渐向上游传导，最终迫使产业链源头产品的价格回落。这一过程有时会在产业链中的某一环节受阻，因为该上游产品有可能是其他产业链的上游产品，而该产业链的整体需求没有充分的降低。

对于下游企业来说，原材料成本的下降是件好事，不但可以提高加工利润，还可以降低产品价格，扩大市场。然而，在成本下降的整个传导过程中，加工企业却很难应对这个状况。面对不断降价的原材料，无论以何种价格买入，企业都要面临亏损。这就导致了另外一种局面，企业宁可停产也不愿意生产。当然，为了保住重要的客户资源，大多数大型企业不得不继续亏本生产。

石化产业价格传导主要存在以下几个方面的特点。

一是时间滞后性。通常，产业链越长，滞后的时间也越长。

二是过滤短期小幅波动。由于石化产业价格传导具有滞后性，一些短期和小幅波动还没有来得及向下传导，该价格就已经发生变化，短期波动得以过滤。

三是传导过程可能被阻断。当产业链中某一环节的供需关系处于极端状态时，该环节供需关系本身上升为影响价格的主导因素，因而价格传导被阻断。

四是价格垄断性。由于国内缺少交易石化中间体的市场，其价格具有垄断性。越是靠近产业链上端的企业，其价格垄断性越强。

五是国际市场价格的影响。进口依存度较高的中间体定价常常受到国际市场价格的影响。进口依存度越高，受国际市场价格的影响越大。

具体到我国的石化产业链来看，我国的石脑油和燃料油已率先采用了市场定价机制。在市场定价的环境下，油品价格一方面受原材料成本和加工环节边际利润的影响，另一方面还要受产品供需关系的影响。但由于对外依存度较高，除生产成本之外，我国的油品价格还受进口成本的影响，特别是受亚洲市场价格的影响。例如，燃料油价格主要受新加坡市场价格的影响，石脑油价格则主要受日本市场价格的影响。

燃料油在石化产业链中的位置比较特殊，一方面，由于燃料油是原油的直接下游产品，其价格节奏与原油价格节奏的关系必然更加紧密，另一方面，由于具有较强的副产品与深加工原料属性，燃料油受石化产业链其他产品价格的影响通常是多方面的。例如，当汽油、柴油等成品油或化工产品需求较好地带动炼厂利润走高时，炼厂一次开工率增加往往使燃料油产量被迫提高，这时如果炼厂仍具有深加工燃料油的能力，燃料油价格将受益于其他产品的带动，反之，若炼厂深加工能力已达到上限，燃料油价格将因额外的供应而承压。2020 年全球海运限硫令实施初期，全球处理高硫渣油的渣油加氢装置相对紧俏，中间馏分油利润与高硫燃料油的利润呈现较强的负相关关系，而因为低硫渣油与柴油的转产装置较丰富，中间馏分油利润与低硫燃料油利润则呈现较强的正相关关系。

十九、燃料油与低硫燃料油期货价格的影响因素有哪些？

燃料油与低硫燃料油期货价格的影响因素如图 2－24 所示。

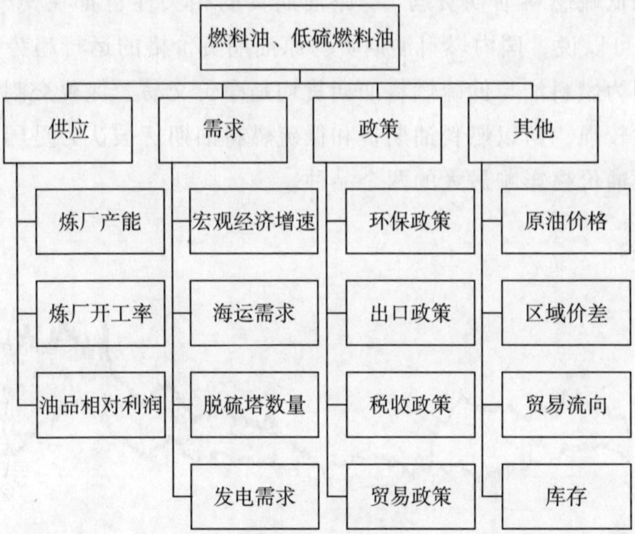

图 2－24　燃料油与低硫燃料油期货价格的影响因素

资料来源：国投安信期货。

近年来，全球炼化结构与能源结构不断升级，船用油环保要求日益趋严，燃料油与低硫燃料油期货的运行逻辑及研究框架发生了较大变化，但作为原油的直接下游产品以及成品油产业链中关键的中间产品，高硫、低硫燃料油与成品油产业链始终需要融为一体地分析与看待。在对燃料油、低硫燃料油期货价格的分析中，成本端原油价格对其的影响最重要；其次是高硫、低硫燃料油的供应、需求和相关政策、贸易流向及库存等因素对其裂解价差的影响。另外，在分析燃料油与低硫燃料油期货价格时，国内外基本面差异带来的区域价差变化也要被考虑。综合考虑以上因素，最终可得到对上海燃料油、低硫燃料油期货的价格预期。

（一）原油价格的影响

作为原油的直接下游品种，高硫、低硫燃料油价格波动节奏基本由原油价格波动节奏主导（见图2-25）。通过对2019年9月至2022年9月的日度数据分析，我们发现燃料油期货与布伦特原油期货的相关性高达96.41%，低硫燃料油期货与布伦特原油期货的相关性也高达97.23%，燃料油期货和低硫燃料油期货与SC原油期货的相关性也都在90%以上（见表2-7）。可以说，国内燃料油期货与原油期货价格的运行趋势呈现高度的一致性。因为燃料油与低硫燃料油期货均是净价交易、保税交割，与国外市场的联动性较强，所以燃料油期货和低硫燃料油期货被认为是国内期货市场中受国际原油价格影响最大的两个品种。

图2-25　上海原油期货和燃料油、低硫燃料油期货主力合约走势对比

资料来源：同花顺、国投安信期货。

表2-7　燃料油期货与原油期货相关性（2019年9月至2022年9月）

品种	SC原油	布伦特原油
SHFE燃料油	0.9312	0.9641
INE低硫燃料油	0.9817	0.9723

资料来源：路透、同花顺、国投安信期货。

影响原油价格的因素种类繁多。从超长期的油价走势来看，供给冲击与需求周期决定了油价的主要趋势。1997 年亚洲金融危机、2008 年美国次贷危机以及 2020 年全球新冠疫情都对油价形成了较大影响，而 1970 年开始的中东地缘动荡引发的石油危机、2010 年后美国页岩油主导的技术革命、2022 年俄乌冲突等因素使供应端对油价的扰动显得更为频繁。

具体来看，在长周期的原油需求分析中，宏观周期一直是最为关键的因素，石油产品为国民经济各部门提供了燃料、原料和化工用品等方方面面的支持，一般来说，原油消费增速约为 GDP 增速的一半。从 2020 年开始，全球加快落实碳达峰碳中和进程，新能源的替代效应也将成为未来影响原油长期需求走势的核心因素。近二十年来，欧洲、日本在全球原油市场的消费占比已经明显萎缩，美国也已经暂时告别了需求的巅峰时期；中国、印度的原油消费占比却在二十年来均实现了翻番。目前，中国原油消费增速或随 GDP 增速的回落而逐步减小，但印度原油消费有望继续保持高涨。目前，全球原油消费“存量看中美，增量看印度”的局面已经达成。

在短周期的需求分析中，主要关注点一般集中于季节性以及特殊事件冲击。由于主要消费国集中在北半球，夏天用电高峰叠加夏末秋初的出游旺季，为 7 月至 9 月的原油需求提供了强劲支撑；冬日的严寒虽然为欧美带来了相对强劲的取暖油需求，但许多室外基建工程的停滞又压制了沥青等下游化工产品的炼化需求，因此，原油需求表现出第三季度持续火热而其他时段相对平淡的特征。此外，冬季需求也有短暂提振的情况，但与夏季相比，该需求略微偏弱。不同国家及地区的消费季节性特征有一定区别，当地的炼油厂一般根据终端产品的季节性规律选择在季节性旺季高产，而在季节性淡季检修。飓风等天气因素常对短期需求形成扰动，需求的短期影响因素往往体现出时效短但冲击量大的特征。但也有如 2020 年新冠疫情一类的特殊事件，其对出行需求影响较大，且作用时间较长，需具体情况具体分析。

页岩油革命使美国在 2019 年原油产量已位居全球第一，美国、沙特阿拉伯、俄罗斯在供应端形成三足鼎立局面。2016 年末，沙特阿拉伯联合俄罗斯等国就一致减产达成协议，2017 年 11 月 30 日，由 14 个国家组成的欧佩克和阿塞拜疆、巴林、文莱、哈萨克斯坦、马来西亚、墨西哥、阿曼、俄罗斯、苏丹和南苏丹 10 个非欧佩克产油国，在维也纳签署了“欧佩克和非欧佩克合作宣言”，宣布“石油出口国需要共同合作，以实现石油市场的持久稳定，造福于石油生产国和消费者”，该宣言标志着 24 个世界主要石油生产国正式形成联盟。欧佩克与美国页岩油产量是成为除地缘导致的供应冲击以外的影响原油供应端的最重要变量，全球低碳转型背景下的对传统能源上游投资的限制也会成为影响原油供应的长期核心因素。

关于欧佩克的协议与分裂一直是博弈论教科书里的经典案例。我们对欧佩克行为的分析始终是研究油价的关键。传统理论认为，沙特阿拉伯带领的欧佩克组织是重要的油价调节器，往往选择在油价过高时增产，在油价过低时减产，从长周期的欧佩克产量与原油价格关系看，基本也能满足这一规律。此外，著名经济学家克鲁德曼在 2000 年提出了多重均衡模型来解释油价的波动：当原油处于低价位时，欧佩克成员国为达到一定的收入目标不得不扩大生产和出口，从而形成稳定的低油价均衡；当“市场冲击”使油价转向高价位时，因为原油需求缺乏弹性，扩大产出甚至可能会减少收入，所以产油国会倾向于不扩大生产，从而形成稳定的高油价均衡，由此形成了原油特殊的“向后弯曲的供给曲线”。反观近十年的油价变动，沙特阿拉伯在 2014 年底开始频频增产，以及新冠疫情初期的增产价格战，其行为路径在一定程度上是符合“向后弯曲的供给曲线”的，因此，对欧佩克产量变化的分析还需综合油价之外的多种因素，不同背景下的行为路径不尽相同。

页岩油的高速增产使美国完成了轻质原油的自给自足，配合美国 2015 年底开始实施的原油出口解禁和“美国优先能源计划”，页岩油的繁荣发展已创造出“石油新秩序”，并威胁到欧佩克的霸主地位。不可否认，页岩油革命使全球原油供应更加充裕，对页岩油产量走势的分析对未来的油价判断至关重要。基于融资依赖和快产出高衰减的特性，页岩油的边际成本往往决定了油价相对确定的底部。2010 年以来，各产区井口成本下降明显，一方面是因为技术的快速进步，另一方面则是两轮油价熊市对高成本产能的挤出。市场上对页岩油成本众说纷纭，主要是页岩油的成本口径不一致造成的，全成本更多地决定了中长期开工情况，而井口成本对短期的采油选择更为适用。此外，油企成本是一个相对动态的概念，不同油价下开工项目的成本自然不尽相同。因此，对页岩油成本的分析应该用辩证的眼光看待，除了跟踪关注各产区的钻探、生产外，企业财务状况、原材料以及油服成本都应该是重点研究的内容，而不能拘泥于单一的某一个成本数字。

库存作为供需差的客观指标，对基本面及油价具有较好的指示作用，从长周期来看，油价与库存的波动节奏一般呈现负相关，也可充分说明原油作为大宗商品主要受供需关系主导。从周期性以及节奏性的波动来看，油价在某些时候与债券收益率、美元，甚至股市也会呈现一定的联动性，体现出油价具有较强金融属性的特征。

除了识别影响油价供需的核心因素外，识别市场预期及预期偏差是判断价格节奏的关键。一般来说，还应关注月间价差、跨区价差以及裂解价差与绝对价格的关系（见图2-26），价差往往能反映市场对某一方面认知的交易情况，交易者也可结合基本面指标辅助识别市场的短期矛盾。

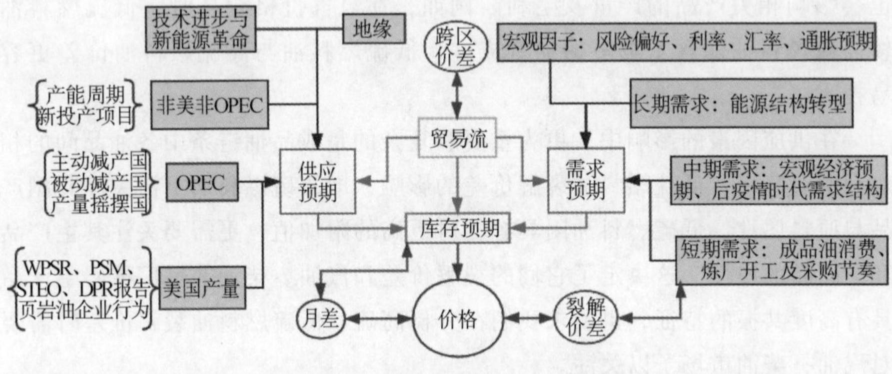

图2-26　原油价格研究基本框架

资料来源：国投安信期货。

需要注意的是，燃料油基本面因素也可能阶段性反向影响原油价格，例如海运需求旺盛、发电及燃烧需求阶段性走高，也可在一定程度上改善炼厂利润，对原油需求形成拉动，但由于原油下游产品主要是汽油、柴油，燃料油的影响相对微弱，也可能被其他更为核心的因素所掩盖。另外，燃料油在产业链中的位置也决定了对不同原油价格的影响路径并不完全相同，例如，当高硫燃料油过剩时，含硫重质原油因渣油收率较高，价格往往更加受到压制。

（二）供应因素的影响

高硫、低硫燃料油的供应来源于炼厂的炼制过程，炼厂各装置的产能、一次加工量以及深加工装置的开工情况决定了燃料油的产量。由于全球原油资源大部分是含硫及高硫原油，一次加工副产的燃料油以高硫燃料油为主。通常来说，高硫燃料油产量随着一次加工率的提升而提升，特别是简单型炼厂开工率和高硫燃料油产量更加密切相关。对于低硫燃料油来说，低硫渣油等调和原料是常见的催化裂化原料，炼厂可以通过催化裂化装置的开停灵活地实现低硫燃料油和汽油、柴油的转产，因此，通常来说，催化裂化开工率和低硫燃料油产量存在一定的负相关性。另外，理论上渣油加氢装置可以实现高硫燃料油向低硫燃料油的转换，但实行 2020 年全球海运限硫令以来，低硫燃料油与高硫燃料油价差长期较高，渣油加氢产能持续紧俏，提供的供应边际变量相对有限。此外，炼厂深加工过程中的加工成本一定程度上也会影响相关产品的产量及毛利。例如，在氢气价格较高时，低硫燃料油较高硫燃料油隐含了更多的加氢成本，低硫燃料油与高硫燃料油价差更容易拉大。

在供应因素的影响中，更为重要和复杂的是成品油链条中各油品间的相对利润对高硫、低硫燃料油裂解价差的影响，即高硫燃料油更需关注其副产品与原料属性，低硫燃料油因具有相对更高的附加值，更需要关注其主产品和中间品的属性。这决定了它们的裂解价差和汽油、柴油等炼厂核心主产品具有高度共振的特征，也要求我们在分析高硫、低硫燃料油裂解价差时需要对汽油、柴油市场予以关注。

此外，全球高硫、低硫燃料油供应地区存在一定差异，传统燃料油供应主要集中在俄罗斯、中东等含硫原油资源相对丰富且炼厂复杂程度相对偏弱的地区，2020 年实行全球海运限硫令后，中国、新加坡、韩国等国家贡献了低硫燃料油的供应增量。在此背景下，“欧佩克 +”组织的增减产使高硫资源的供应发生边际变化，同时，地缘制裁等因素导致的伊朗、俄罗斯的石油产品出口变化对高硫资源的冲击更大。

2022 年高硫、低硫燃料油裂解价差的大幅波动充分展示了供应端油品产业链因素在分析中的重要性。2022 年上半年，俄乌冲突使全球能源市场供应紧张预期加剧，驱动以原油、天然气为代表的能源价格大幅上涨，油化系品种受成本抬升影响，运行中枢明显上移。低硫燃料油在 1 月至 4 月主要体现出跟涨原油的特征，但从 5 月开始涨幅领先原油，裂解价差续创新高，主要是因为全球炼能紧缺背景下俄罗斯炼能因制裁影响大幅减少，其第二季度中轻质成品油出口量较第一季度平均降幅为35万桶/日。同时，天然气价格走高导致炼厂加氢成本高企，海外汽油、柴油裂解价差不断走强，对低硫燃料油从供应端形成分流，带动低硫燃料油裂解价差延续强势。2022年下半年因全球汽油消费疲软带动的汽油裂解价差下行，对低硫燃料油裂解价差形成一定拖累，但整体来看，低硫燃料油裂解价差和汽油、柴油裂解价差的波动节奏高度吻合。对于高硫燃料油来说，俄乌冲突以及汽油、柴油裂解价差的走高对高硫燃料油影响路径体现在两个方面：路径一是俄罗斯燃料油出口受影响程度。俄罗斯出口的燃料油主要为高硫资源，俄乌冲突初期，市场曾担忧俄罗斯出口受到影响，高硫燃料油裂解价差在4月反弹上行，但从具体海运量的追踪来看，第二季度俄罗斯燃料油出口平均78万桶/日，与第一季度85万桶/日的水平相差不大，市场转向交易路径二。路径二是俄罗斯中轻质油品出口受到了实质影响，加剧了海外成品油特别是柴油市场的紧缺程度，一次炼厂开工率走高，中轻质馏分收率高的原油更受青睐，而渣油收率高的原油价格走低。在此背景下，高硫燃料油裂解价差持续承压。图2－27描述了新加坡主要油品裂解价差的走势。

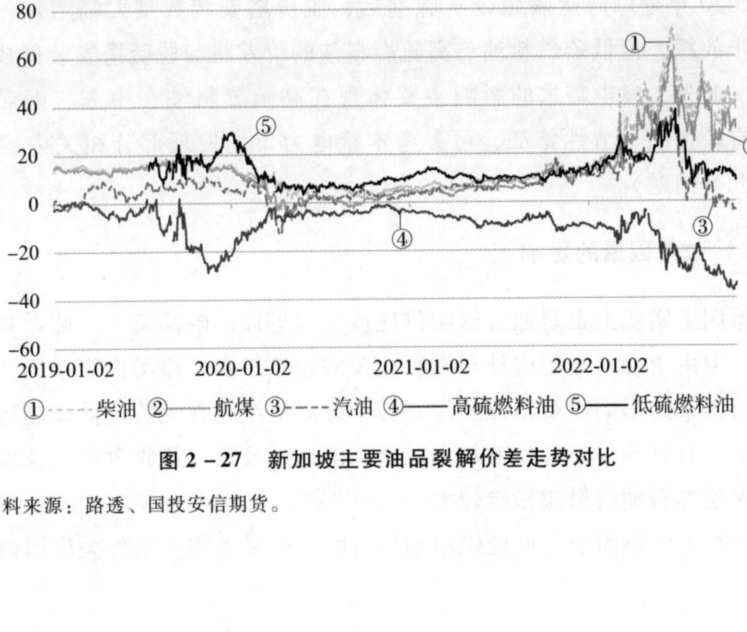

图2－27　新加坡主要油品裂解价差走势对比

资料来源：路透、国投安信期货。

（三）需求因素的影响

燃料油的深加工需求其实是间接需求而非终端需求，相关影响因素其实已经体现在了供应端的炼厂行为中。无论是全球还是我国，燃料油的终端需求主要集中在船用油市场，其次在部分区域性的发电需求上。因此，需求因素影响的主要关注点在于宏观经济增速、海运贸易的需求、脱硫塔数量以及发电需求。

宏观经济增速与海运贸易的需求量高度相关，但对燃料油价格的影响是多方面的。一般来说，经济的高速增长和景气周期往往能够提高所有油品需求的增速，从成品油到原油均会形成向上的价格驱动，但在一些特殊时期，宏观经济和海运贸易的景气程度并不完全匹配，微观层面的需求因素将在不同油品的裂解价差上得以体现。例如，2020 年 4 月全球新冠疫情大规模暴发的时期，主要经济体均面临经济活动大幅放缓的情况，但与出行活动更相关的汽油、航煤需求降量更为极端，中美等国均一度同比减少 40%，但海运用油在全球供应链错配背景下下降幅度不足 10%。在此过程中，高硫、低硫燃料油裂解价差的波动并没有汽油、航煤那么极端。

船用脱硫塔数量决定了海运用油中高硫燃料油与低硫燃料油需求的比例结构。2020 年全球海运限硫令实施前后，脱硫塔安装数量大幅增加，此后增速逐步放缓，但低硫燃料油与高硫燃料油的价差将与脱硫塔安装形成动态负反馈。此外，发电需求的影响主要体现在高硫燃料油在中东、南亚等地区，具有较强的季节性特征，可参考本章电力市场发展部分相关内容（本章的第九个问题）。

（四）政策因素的影响

政策因素实质上也是通过影响供应或需求进而影响高硫、低硫燃料油基本面的，但由于近年来国内外与燃料相关的政策较多，市场供需结构变化较大，政策因素的影响需要格外关注。其中，海事组织在低硫、低碳趋势下的环保政策，对燃料油需求影响较大，我国的出口政策、税收政策以及贸易政策，对保税燃料油的供应影响较大。

在分析上海燃料油与低硫燃料油期货时，交易者需要格外关注国内现货市场相关政策对期货交割环节的影响，进而可能在期货价格上有所体现。我国燃料油需要缴纳消费税和增值税，税费占产品货值的比例相对较高。2020年初，财政部、国家税务总局、海关总署联合发布了低硫燃料油出口退税政策，对国际航行船舶在我国沿海港口加注的低硫燃料油，实行出口退（免）税政策。因此，保税船、加油船加油市场逐步形成了高硫燃料油完全依靠进口，但低硫燃料油为进口与国产货源共存的局面。特别是，由于低硫燃料油出口退税的货物仅能用作我国沿海的保税船加油业务，相应的期货仓单去向也需要符合这一规定。

在此背景下，低硫燃料油仓单业务相对特殊，标准仓单的生成有三种来源，除境外进口外，还有国内出口和保税混兑（见图2－28）。但国内出口和境外进口会被标记为不同的仓单，国内出口的仓单由于已经完成了出口退税，按照规定仅允许船舶加注，而我国对境外进口形成的仓单没有特殊要求。

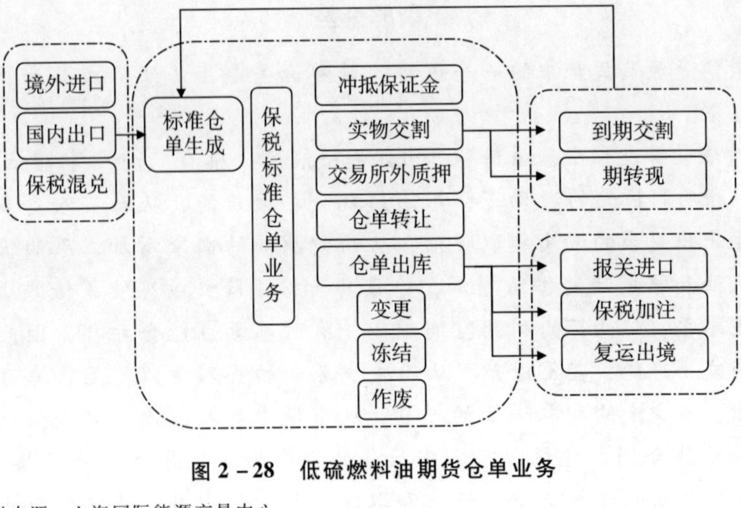

图2－28　低硫燃料油期货仓单业务

资料来源：上海国际能源交易中心。

（五）其他因素

除了供需面核心因素的影响外，库存、贸易流向也是基本面研究关注的重点。目前，全球公开发布燃料油库存的地区主要有新加坡、富查伊拉、美国及西北欧地区，但并不区分高硫燃料油与低硫燃料油。库存变化作为供需面演化的验证，一般与价格具有较好的负相关性，特别是在库存低位或库容紧张时，为价格上涨或下跌提供了更大的弹性。贸易流向通常与区域基本面的强弱及价差变化形成验证，有时货物供应地的受限往往对区域供需格局形成较大扰动。例如，2022 年第三季度因制裁担忧，俄罗斯此前流向欧洲的燃料油大量流向亚洲及中东地区，加剧了新加坡市场高硫燃料油的过剩程度。

近年来，对冲基金等其他金融投机活动，一直是影响油价的重要因素。从 CFTC 公布的持仓数据来看，管理基金净持仓与原油价格变化趋势高度吻合，这可能与基金对宏观基本面的理解更为深刻，并具有“先知先觉”有关。在基金参与的影响下，价格的涨跌都可能出现过度状况，但不可否认的是，感受资金的动向是把握行情的关键。

延伸阅读

裂解价差

裂解是原油提炼中的一个过程，裂解价差是指炼油厂成品和原材料的价格差。

精炼裂解过程中，原料和产出比例一般为：原油∶汽油∶取暖油 =3∶2∶1。在利润扩大的激励下，炼油厂就会扩大产能，从而买入更多的原油，生产出更多的汽油和取暖油，从而使原油的需求增加，原油价格走高，汽油和取暖油的供给增加，导致其价格下降，最终使差值减小，直至合理水平。炼油厂的利润空间缩小，有时甚至可能会亏损，因此炼油厂就会减小产能，甚至停产，从而减少原油的买入量，甚至将库存的原油卖出，减少汽油和取暖油的产量，从市场中买入汽油和取暖油来履行前期的销售合同。这样，市场中原油的供给增加，导致原油价格走低，汽油和取暖油的供给减少，汽油和取暖油的价格上升，最终使原油和汽油、取暖油价格的差值增大，直至炼油厂的利润空间被重新打开。

由于炼油厂的存在，以及炼油厂在期货市场上裂解套保的操作，使原油和汽油、取暖油期货裂解价格的波动变化存在一个理论上的合理区间，类似于我们熟悉的沪铜与伦敦铜的比值。当这个合理水平被打破时，就会有精炼厂进行相应的操作，从而推动裂解利差向正常水平回归。

二十、如何获取燃料油现货市场信息?

我国保税船用油市场的价格及成交信息主要由国内外资讯机构提供，此外，低硫燃料油的价格也可参考浙江国际油气交易中心基于低硫燃料油期货加上升贴水发布的买方报价与卖方报价。

在国外机构中，普氏与阿格斯是主流的现货市场信息机构，为新加坡等海外主要的燃料油市场以及国内舟山为主的船供油市场提供了相应价格信息。在国内机构中，金联创、隆众资讯、卓创资讯等机构也提供了我国沿海保税船用油市场的现货市场信息。

二十一、燃料油与低硫燃料油期货市场的主要参与者有哪些?

期货市场的三种交易行为——投机、套利、套保决定了各自参与方的组成结构，从国外原油期货的持仓报告来看，投机为主的管理基金的操作方向与油价具有高度联动性，但从持仓量上看，产业资金仍然占据主导地位。国内没有披露参与燃料油与低硫燃料油期货交易的参与者结构，但两个品种的成交量与持仓量走势预示着其参与者结构有所区别。燃料油期货在标的更改为 380 保税品种后，成交量与持仓量均较为可观（见图 2 – 29），充足的流动性和油价主导下的高波动性对投机资金具有较好的吸引力。低硫燃料油期货由于设置了一定的准入门槛，成交量与持仓量均低于高硫燃料油，但在低硫燃料油现货市场高速发展的背景下，低硫燃料油期货的市场体量有望继续逐步上升，且产业结构在市场中的占比相对更大。

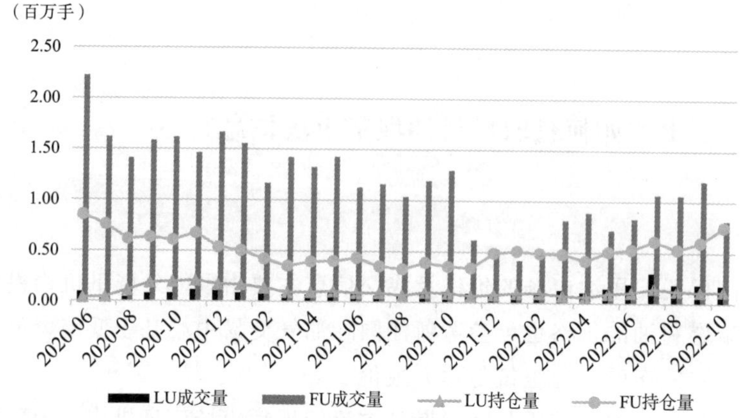

图 2－29 上海燃料油与低硫燃料油期货日均成交量与持仓量走势

资料来源：同花顺、国投安信期货。

除了常见的投机交易外，燃料油与低硫燃料油期货市场中的部分资金是以油品产业链套利为目的而进入的。该市场中常见的套利有高低硫价差套利、燃料油沥青套利、燃料油裂解价差套利、低硫燃料油裂解价差套利等。此外，产业端炼厂、贸易商以及船加油商也是燃料油与低硫燃料油期货市场的重要参与者，而且是使期现价差以及内外盘价差保持在合理水平的重要力量。

自测题

一、单项选择题

1. 近年来，全球最大船用油消费市场是（　　）。

A. 欧洲地区　　B. 独联体地区

C. 亚洲地区　　D. 北美地区

2. IMO2020 全球海运限硫令的实施是船用油需求结构转变的重要节点，转变初期，低硫燃料油供应相对紧张，部分缺口是由硫含量符合新规要求的（　　）来弥补的。

A. 船用柴油　　B. 液化天然气

C. 石脑油　　D. 低硫渣油

3. 根据进口方式进行分类，我国燃料油进口以（　　）为主。

A. 来料加工贸易和一般贸易

B. 保税监管场所进出境货物和一般贸易

C. 进料加工贸易和来料加工贸易

D. 进料加工贸易和一般贸易

4.（　　）不是全球主要船加油港。

A. 新加坡港　　B. 富查伊拉港

C. 魁北克港　　D. 舟山港

5. 进口保税低硫燃料油成本一般按照（　　）计算。

A.（MOPS 价格 + 贴水）× 汇率 ×（1 + 关税税率）+ 消费税］×（1 + 增值税）+ 其他费用

B.（MOPS 价格 + 贴水）× 汇率 ×（1 + 关税税率）+ 消费税 + 其他费用

C.（MOPS 价格 + 贴水）× 汇率 ×（1 + 关税税率）+ 其他费用

D.（MOPS 价格 + 贴水）× 汇率 + 其他费用

6. 若将保税低硫燃料油转运至境内，成本需按照（　　）计算。

A.（MOPS 价格 + 贴水）× 汇率 ×（1 + 关税税率）+ 消费税］×（1 + 增值税）+ 其他费用

B.（MOPS 价格 + 贴水）× 汇率 ×（1 + 关税税率）+ 消费税 + 其他费用

C.（MOPS 价格 + 贴水）× 汇率 ×（1 + 关税税率）+ 其他费用

D.（MOPS 价格 + 贴水）× 汇率 + 其他费用

7.（　　）通过裂解或重整可制取乙烯、聚乙烯、丁二烯等烯烃和苯、甲苯、二甲苯等芳烃。

A. 渣油　　B. 石脑油

C. 凝析油　　D. 燃料油

8. 2021 年，从全球范围来看，油电占比较高的地区不含（　　）。

A. 中东　　B. 非洲

C. 中南美　　D. 欧洲

9. 随着（　　）年地方炼厂原油进口权和进口原油使用权的放开，国内燃料油消费量进一步下滑。

A. 2013　　B. 2014

C. 2015　　D. 2016

10. 2020 年前，我国保税燃料油市场和海外市场一样，以销售（　　）为主。

A. 高硫燃料油　　B. 低硫燃料油

C. 船用柴油　　D. 低硫渣油

11.（　　）年，低硫燃料油出口退税政策的推出使燃料油产量跳升。

A. 2018　　B. 2019

C. 2020　　D. 2021

12. 2020 年以来，以保税监管场所进出境货物方式进口的燃料油数量逐年（　　），以一般贸易方式进口的燃料油数量逐年（　　）。

A. 递减；递增　　B. 递增；递减

C. 递增；递增　　D. 递减；递减

13. 2021 年中国 5 ~7 号燃料油四大进口来源地不含（　　）。

A. 马来西亚　　B. 新加坡

C. 俄罗斯　　D. 日本

14. 低硫燃料油仓单业务相对特殊，标准仓单的生成来源有（　　）。

A. 国内出口、保税混兑　　B. 境外进口、国内出口

C. 境外进口、保税混兑　　D. 境外进口、国内出口、保税混兑

15. 从我国的石化产业链来看，率先采用了“市场定价机制”的两个油品分别是（　　）。

A. 汽油、柴油　　B. 石脑油、汽油

C. 石脑油、燃料油　　D. 燃料油、柴油

二、填空题

1. 低硫船用燃料油主要调和组分是________。

2. 燃料油属于________馏分。

3. 高硫、低硫燃料油是________的直接下游品种。

4. 自 2020 年 2 月 1 日起，对国际航行船舶在我国沿海港口加注的燃料

油实行出口退（免）税政策，增值税出口退税率为________。

5. ________有全球最大的船用油加注港，也是全球燃料油贸易的主要集散地。

三、判断题

1. 全球主要使用油电的地区为中东。（ ）
2. 国家统计局口径下燃料油消费量包含保税船加油市场。（ ）
3. 无论全球还是我国，燃料油的终端需求主要集中在船用油市场，另外还有部分区域性的发电需求。（ ）
4. 国内出口的低硫燃料油仓单由于已经完成了出口退税，按照规定仅允许船舶加注。（ ）
5. 上海燃料油与低硫燃料油期货均是净价交易、保税交割。（ ）

参考答案

一、单项选择题

1. C	2. A	3. B	4. C	5. D
6. A	7. B	8. D	9. C	10. A
11. C	12. A	13. D	14. D	15. C

二、填空题

1. 低硫渣油　2. 重质　3. 原油　4. 13%　5. 新加坡

三、判断题

1. √　2. ×　3. √　4. √　5. √

第三章

燃料油与低硫燃料油期货的套期保值

本章要点

期货合约的作用在于套期保值和投资套利。对于与保税燃料油市场相关的企业而言，无论是生产型企业、消费型企业还是贸易型企业，燃料油与低硫燃料油现货价格受市场因素影响较大，因此利用相关期货进行套期保值就显得尤为重要。利用期货套期保值成为企业规避价格风险较为有效的途径。本章将阐述燃料油与低硫燃料油期货套期保值的具体操作方法、规则和流程，以及各企业利用燃料油期货进行套期保值的风险点和操作方式等内容。

一、什么是燃料油与低硫燃料油期货的套期保值？

（一）概念及特征

套期保值，是指把期货市场当作转移价格风险的场所，利用期货合约作为将来在现货市场上买卖商品的临时替代物，对现在买进并准备以后售出的商品或对将来需要买进的商品的价格进行保险的交易活动。所谓燃料油的套期保值，指的是套期保值中，买入或者卖出的期货合约是燃料油期货合约。

套期保值的基本特征是，在现货市场和期货市场对同一种类的商品同时进行数量相等但方向相反的买卖活动，即在买进或卖出实货的同时，在期货市场上卖出或买进同等数量的期货，经过一段时间，当价格变动使现货买卖上出现的盈亏可由期货交易上的亏盈抵消或弥补（见图 3－1）。也就是说，在“现”与“期”之间、近期和远期之间建立一种对冲机制，以使价格风险降低到最低限度。期货市场毕竟是不同于现货市场的独立市场，它还会受一些其他因素的影响，因而期货价格的波动时间与波动幅度不一定与现货价格完全一致。再加上期货市场上有规定的交易单位，两个市场操作的数量往往不能完全相等，这些都意味着套期保值者在冲销盈亏时，有可能获得额外的利润或亏损。就燃料油与低硫燃料油期货交易来说，供应企业可以在远期合约远高于成本的时候，做卖出套期保值，从而锁定经营利润；而对于船东等消费型的下游用户来说，可以在期货价格低于经营预期成本的时候，做买入套期保值，从而锁定经营成本；而对于燃料油与低硫燃料油贸易商、船供油商来说，期货市场则提供了更为广阔的舞台，它既可以让企业避免价格“倒挂”的损失锁定贸易利润，又可以适时地参与期现套利，获得无风险的利润。有关于燃料油操作的详细内容可见下文。

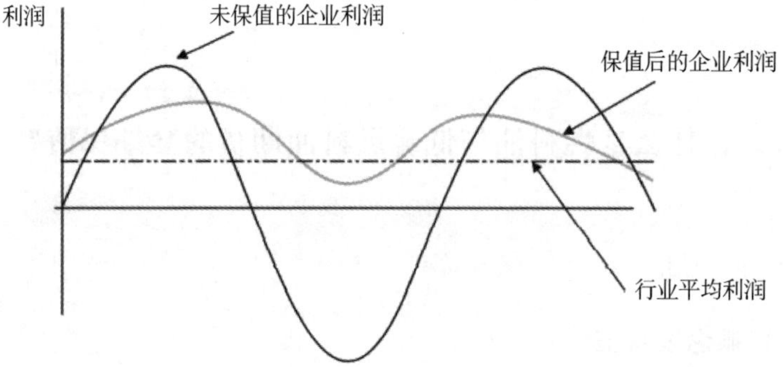

图 3－1 保值企业和未保值企业利润变化

（二）套期保值的分类及业务流程

保值的类型主要分为买入套期保值和卖出套期保值。

1. 买入套期保值

买入套期保值是经营者为了规避将来某一时间购进实物商品时，实物商品价格上涨给自己造成损失，而预先在期货市场上相应时间买入同等数量的期货合约进行保值。经营者希望将来能用期货市场的盈利来弥补现货市场价格上涨所带来的损失。因该保值操作是首先在期货市场上以买入的方式建立交易部位，故其被称为买入套期保值。

基本操作方法是：经营者先在期货市场上买入期货合约，经营者买入的商品品种、数量、交割月份等都与将来要在现货市场上买入的现货大致相同，以后如果现货市场价格真的出现上涨，则在现货市场上以较高的价格买入现货商品，同时将期货市场上的多头合约进行对冲平仓，用对冲后的期货盈利弥补现货市场价格上涨所造成的损失。当然，经营者是企业的，也可以进行实物交割，以较低的价格买到现货，从而完成买入保值的交易。

2. 卖出套期保值

卖出套期保值，是指企业为了规避已拥有的商品库存或即将生产出的商品不致因为将来价格下跌而造成损失，预先在期货市场卖出数量相应的期货合约，希望将来用期货市场的盈利弥补因现货市场价格下跌所带来的损失。

因该保值操作是先在期货市场上建立卖出的交易部位，故其被称为卖出套期保值。卖出套期保值主要是生产和流通企业使用的保值手段，用于锁定生产经营利润。

牛市末期或熊市中趋跌的现货价对于消费企业来说，应该压缩在期货市场上买入保值的数量，一般应控制在30%以内。在行情明显看跌的时候，一方面，消费企业可以暂缓买入保值运作；另一方面，消费企业一般都会保持一定数量的库存。价格下跌将导致库存原料跌价损失额增加，从而影响年终的经营业绩。因而，在跌势中有必要对这部分库存采取卖出套期保值措施。由于油价和商品价格有较强的联动性，在不利的销售环境下，企业可采取一定的卖出套期保值手段，在一定程度上减缓油价下跌给企业带来的损失，但使用这种保值手段需谨慎。

案例3-1

卖出套期保值

某国内石化厂计划在5月中旬卖出1万吨低硫燃料油。为此，该石化厂在3月10日通过上海期货交易所开仓卖出1000手低硫燃料油期货合约（LU2105），当时的期货价格为3300元/吨，现货价格为3400元/吨。至3月22日，该石化厂卖出套期保值的情况如表3-1所示。

表3-1 卖出套期保值的情况

项目	情况一	情况二
价格变化情况	期货价格跌至3200元/吨 现货价格跌至3300元/吨	期货价格升至3400元/吨 现货价格升至3500元/吨
期货交易盈亏	平仓买入1000手期货合约 盈利100万元	平仓买入1000手期货合约 亏损100万元
现货交易盈亏	卖出现货，收入3300万元	卖出现货，收入3500万元
总支出	3400万元	3400万元

适用领域：

（1）生产企业手头有较大库存产品或即将生产大量燃料油或低硫燃料

油，为防止日后出售时价格下跌；

（2）贸易商手头有库存现货尚未出售或者已签订将来以特定价格买进但尚未转售出去的燃料油或低硫燃料油，担心日后出售时价格下跌；

（3）加工企业担心已有库存价格下跌。

案例3－2

买入套期保值

某船运公司计划在8月中旬购进4万吨燃料油用于自有船舶加油。为防止燃料油价格上涨增加经营成本，企业于7月11日至15日在上海期货交易所开仓买入4000手燃料油期货（FU2209）（每手10吨），成交均价为2900元/吨，其时现货市场价格为3000元/吨。至8月中旬采购时，企业买入套期保值的情况如表3－2所示。

表3－2　买入套期保值的情况

项目	情况一	情况二
价格变化情况	期货价格升至3000元/吨 现货价格升至3100元/吨	期货价格跌至2800元/吨 现货价格跌至2900元/吨
期货交易盈亏	平仓卖出4000手期货合约，盈利400万元	平仓卖出4000手期货合约，亏损400万元
现货交易盈亏	买入现货，支出12400万元	买入现货，支出11600万元
总支出	12000万元	12000万元

适用领域：

（1）炼油厂、船加油商等燃料油或低硫燃料油消费企业，为防止日后购进燃料油时其价格上涨的情况；

（2）燃料油或低硫燃料油供货商已跟需求方签订好现货供货合同，但供货商尚未购进货源，担心日后购进时现货价格上涨；

（3）燃料油或低硫燃料油消费企业认为目前现货市场价格合适，但由于资金不足或者仓库已满，不能立即购进，担心日后购进现货价格上涨。

小贴士

若企业想进行套期保值操作，可参考图 3－2 建立相关流程。

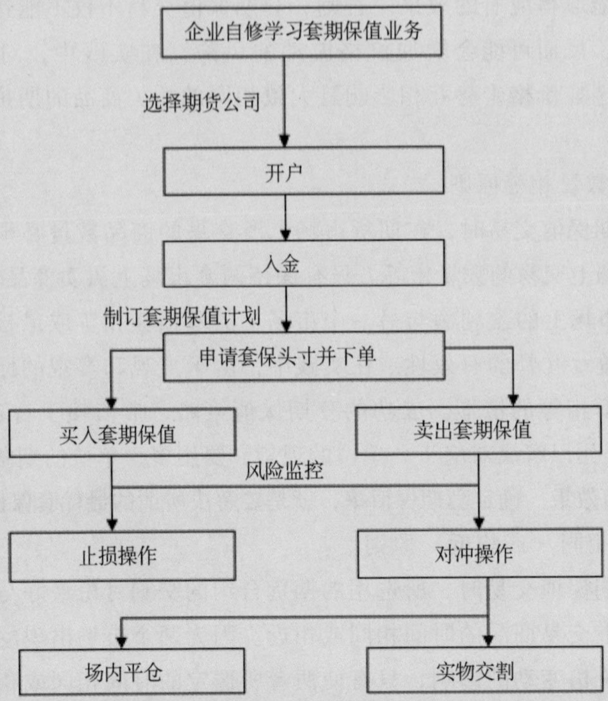

图 3－2 燃料油期货套期保值业务流程

（三）套期保值交易须遵循的原则

套期保值交易须遵循如下原则。

1. 交易方向相反原则

根据交易者在现货市场所持头寸的情况，相应地通过买进或卖出期货合约来设定一个相反的头寸，然后选择一个适当的时机，将期货合约予以平仓，以对冲在手的合约。通过期货交易和现货交易互相之间的联动和盈亏互补性冲抵市场价格变动所带来的风险，以达到锁定成本和利润的目的。

2. 商品种类相同的原则

只有商品种类相同，期货价格和现货价格之间才有可能形成密切的关系，才能在价格走势上保持大致相同的趋势，这样在两个市场上采取反向买卖的行动才能取得应有的效果。否则，套期保值交易不仅不能达到规避价格风险的目的，反而可能会增加价格波动的风险。在实践中，对于非期货商品，也可以选择价格走势互相影响且大致相同的相关商品的期货合约来做交叉套期保值。

3. 商品数量相等原则

在做套期保值交易时，在期货市场上所交易的商品数量必须与交易者将要在现货市场上交易的数量相等。只有保持两个市场上买卖商品的数量相等，才能使一个市场上的盈利额与另一个市场上的亏损额相等或最接近，从而保证两个市场盈亏互补的有效性。在实践中，由于主观和客观的原因，经常出现商品数量不相等的情形。成功的套期保值策略，常依赖于合适的保值率。套期保值率是用以解决对应于一单位的现货，要用多少单位的期货才能实现较好的套期保值效果。确定套期保值率，就是要解决所谓的最优套保比率的问题。

4. 月份相同（或相近）原则

在做套期保值交易时，所选用的期货合约的交割月份最好与交易者将来在现货市场上交易商品的时间相同或相近。因为两个市场出现的盈亏金额受两个市场上价格变动的影响，只有使两者所选定的时间相同或相近，随着期货合约交割期的到来，期货价格和现货价格才会趋于一致，才能使期货价格和现货价格之间的联系更加紧密，达到套期保值的效果。

二、哪些企业需要进行燃料油或低硫燃料油期货套期保值？

燃料油与低硫燃料油价格的走势和宏观经济环境相关：在经济不景气时，燃料油与低硫燃料油需求萎缩，其价格将下跌；在经济向好时，其价格也会随需求的增加而上升。作为石油的下游产品，燃料油与低硫燃料油的价格也会受到原油价格的影响。与燃料油和低硫燃料油相关的企业，无论是生产型企业，还是加工型企业或贸易型企业，其经营利润都会受到燃料油与低硫燃料油价格变化的影响。利用燃料油与低硫燃料油期货进行套期保值是企业规避价格风险较为有效的途径。

通过参与套保操作，现货企业既可以将库存油品的毛利润提前锁定，规避价格下跌风险，也可以将上期所交割仓库视为一个销售去向，在现货需求不畅或者现货价格较低时，通过期货交割实现较好的效益，规避大量敞口库存的跌价风险。

下面根据企业的类型分别探讨燃料油的套期保值。

（一）生产型企业需要进行燃料油或低硫燃料油期货套期保值

不论是向市场提供农副产品的农民，还是向市场提供铜、锡、铅、石油等基础原材料的企业，作为社会商品的供应者，都希望其已经生产出来准备提供给市场或尚在生产过程中将来要向市场出售的商品具有合理的经济利润。为了防止正式出售时商品价格下跌而遭受损失，生产型企业可采用卖期保值的交易方式来减小价格风险，即在期货市场以卖主的身份售出数量相等的期货合约作为保值手段。

燃料油或低硫燃料油的生产型企业为了保证其已经生产出来准备提供给市场或尚在生产过程中将来要向市场出售商品合理的经济利润，以防止正式出售时价格下跌而遭受损失，可以在远期合约远高于成本时，做卖出套期保值，从而锁定销售价格，即在期货市场以卖主的身份售出数量相等的期货作为保值手段。由于燃料油及低硫燃料油生产型企业主要为炼厂，往往也可通过买入原油期货同时卖出燃料油或低硫燃料油期货的方式锁定远期利润。

（二）消费型企业需要进行燃料油或低硫燃料油套期保值

燃料油及低硫燃料油的消费型企业主要指用油企业，与期货交割品直接对应的消费型企业即需要进行船加油的航运企业。对于船用油企业来说，燃油价格的上涨将直接增加其经营成本，因此可以在燃料油或低硫燃料油期货价格偏低时做买入套期保值，从而锁定其用油成本。航运企业在期货市场购入燃料油或低硫燃料油合约后，如果期货市场价格下跌，该企业将会面临一定程度的亏损，但因为现货市场燃料油价格的波动与期货市场是同步进行的，该企业可以在现货市场上以较低的价位重新购进燃料油或低硫燃料油，同时将期货合约进行平仓，从而抵消期货市场上的亏损。如果期货市场价格上涨，该企业将不得不面对以较高价格购进原材料的情况，但这部分损失可以被因持有多头头寸而在期货市场中获利的部分弥补。

（三）贸易型企业需要进行燃料油或低硫燃料油套期保值

对于贸易商而言，其所面临的市场风险是商品收购后尚未转售出去时，商品价格可能下跌，这将会使其的经营利润减少甚至发生亏损。为规避此类市场风险，经营者可采用卖期保值方式进行价格保险，或商品买家已经找到，但尚未订购到买家所需要的货物，这时贸易商可以进行买入套期保值，以避免未来因价格上涨而遭受的损失。

除此之外，期货市场为燃料油或低硫燃料油贸易商提供了更为广阔的舞台，既可以让贸易商避免价格“倒挂”的损失锁定贸易利润，又可以适时地让其参与期现套利，获得无风险的利润。

（四）加工型企业需要进行燃料油或低硫燃料油套期保值

对于加工型企业来说，市场风险来自买和卖两个方面。他们既担心原材料价格上涨，又担心成品价格下跌，更怕原材料上升、成品价格下跌局面同时出现。只要该加工企业所需的材料及加工后的成品都进入期货市场进行交易，那么他们就可以利用期货市场进行综合套期保值，即对购进的原材料进行买期保值，对其产品进行卖期保值，解除他们的后顾之忧，锁牢其加工利润，从而专门进行加工生产。

三、生产型企业如何进行燃料油或低硫燃料油期货套期保值?

燃料油或低硫燃料油期货套期保值主要有两种基本类型，即买入套期保值和卖出套期保值。

（一）可采用卖出套期保值的情况（见图3－3）

一是燃料油或低硫燃料油生产企业手头有较多库存产品或即将生产大量燃料油和低硫燃料油，为防止日后出售时燃料油和低硫燃料油价格下跌；

二是燃料油或低硫燃料油贸易商手头有库存现货尚未出售或者已签订将来以特定价格买进但尚未转售出去的燃料油或低硫燃料油，担心日后出售时其价格下跌；

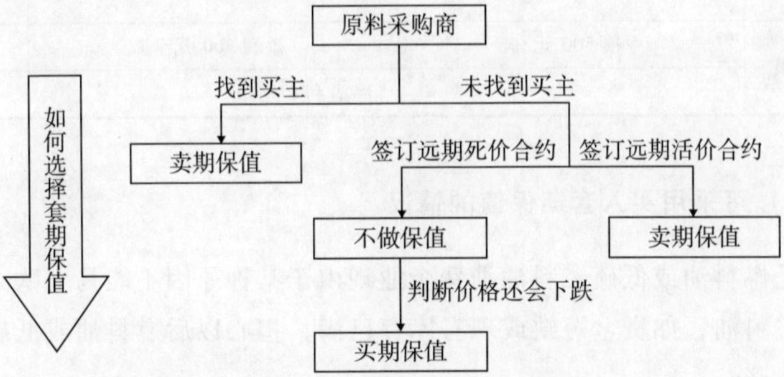

图3－3　生产型企业选择套期保值的流程

三是燃料油或低硫燃料油加工企业担心已有库存价格下跌。

向市场提供原油的产油商和提供成品油的炼厂，作为社会商品的供应者，为了保证其已经生产出来准备提供给市场或尚在生产过程中将来要向市场出售的商品的合理的经济利润，以防止正式出售时价格下跌而遭受损失，可采用相应商品期货的卖期保值来减小价格风险，即在期货市场以卖主的身份售出数量相等的期货，然后等到要销售现货时再买进期货头寸对冲，作为保值手段。

案例3－3

卖出套期保值

3月份，某炼油厂了解到低硫燃料油价格为5500元/吨，该炼油厂对这个价格比较满意，因此加紧生产。但是，该炼油厂担心现货市场上的过度供给会使低硫燃料油价格下跌，从而减少收益。为避免将来价格下跌带来的风险，该炼油厂决定在上海国际能源交易中心进行低硫燃料油期货合约的卖期保值交易。卖出套期保值的交易和损益情况如表3－3所示。

表3－3　　卖出套期保值的交易和损益情况

时间及结果	现货市场	期货市场	基差
3月1日	低硫燃料油价格5500元/吨	卖出1000手5月低硫燃料油期货；价格5400元/吨	100元/吨
4月1日	卖出10000吨低硫燃料油，低硫燃料油价格5000元/吨	买入1000手5月低硫燃料油期货；价格4900元/吨	100元/吨
套保结果	亏损500元/吨	盈利500元/吨	0元/吨
	净盈利0元		

（二）可采用买入套期保值的情况

一是燃料油或低硫燃料油消费企业现由于某种原因不能马上购入燃料油或低硫燃料油，如资金短缺或现有库存已满，担心以后燃料油或低硫燃料油价格会上涨；

二是燃料油或低硫燃料油贸易商已签订将来以特定价格卖出但尚未备货的燃料油或低硫燃料油，担心未来燃料油或低硫燃料油价格会上涨。

对于以原油等为原料的石化企业或炼厂，或者航空公司等成品油消费企业来说，它们担心原油或成品油价格上涨，为了防止其需要买进原料时，石油价格上涨而遭受损失，所以可采用买期保值的交易方式来减小价格风险，即在期货市场以买主的身份买进数量相等的期货合约，等到要进石油现货时再卖出期货头寸对冲作为保值手段。

案例3－4

买入套期保值

6月1日，一个炼油厂和当地分销商达成一份远期合约，准备在9月份供应一批货。该炼油厂根据当时的WTI原油期货价格56美元/桶，给分销商提出了固定价格。该炼油厂目前并没有货，也没有用于提炼的原油的货源保证或定价，为了锁定成本从而锁定利润，该炼油厂决定进行WTI原油期货交易。交易情况如表3－4所示。

表3－4　　买入套期保值

时间及结果	现货市场	期货市场	基差
6月1日	原油价格54美元/桶	买入10手9月份WTI原油期货合约：价格56美元/桶	－2美元/桶
9月1日	买入10000桶原油，价格58美元/桶	卖出10手9月份WTI原油期货合约，价格60美元/桶	－2美元/桶
套保结果	亏损4美元/桶	盈利4美元/桶	0美元/桶
套保结果	净盈利0美元		

四、消费型企业如何进行燃料油或低硫燃料油期货套期保值？

国内保税市场的燃料油消费主要是保税船用油加注。近年来，燃料油及低硫燃料油价格持续上涨，船东的燃油成本大大提高，买入保值的需求不断提升。

买入套期保值是经营者为了规避将来某一时间购进实物商品时，实物商品价格上涨给自己造成损失，而预先在期货市场上相对应的时间买入同等数量的期货合约进行保值。经营者希望将来能用期货市场的盈利来弥补现货市场价格上涨所带来的损失。

买入套期保值的基本操作方法：经营者先在期货市场上买入期货合约，其买入的商品品种、数量、交割月份都与将来要在现货市场上买入的现货大致相同，以后如果现货市场价格真的出现上涨，经营者再在现货市场上以较高的价格买入现货商品，但同时将期货市场上的多头合约进行对冲平仓。

案例 3－5

买入套期保值

2022 年 2 月 7 日，假设低硫燃料油现货市场价格为 4400 元/吨，LU2205 燃料油期货价格为 4300 元/吨。此时，某船供油商库存水平较低准备补库，因为担心未来两个月左右燃料油价格可能会有较大涨幅，所以，该船供油商决定在期货上保值，具体操作如表 3－5 所示。

表 3－5　　船供油商进行的套期保值

时间及结果	现货市场	期货市场	基差
2 月 7 日	低硫燃料油价格 4400 元/吨	买入 1000 手 5 月低硫燃料油期货；价格 4300 元/吨	100 元/吨
4 月 13 日	买入 10000 吨低硫燃料油，低硫燃料油价格为 4600 元/吨	卖出 1000 手 5 月低硫燃料油期货；价格为 5000 元/吨	400 元/吨
套保结果	亏损 200 元/吨	盈利 700 元/吨	500 元/吨
	净盈利 500 元/吨		

五、贸易型企业如何进行燃料油或低硫燃料油期货套期保值?

贸易型企业主要面临两个风险：库存风险和销售风险。因而，应根据库存和销售两方面情况来计算公司的风险敞口，分别做套期保值。

对于库存风险，燃料油或低硫燃料油贸易型企业首先要根据企业的采购销售情况，计算出企业的库存状况。库存期间，由于燃料油或低硫燃料油价格会出现波动情况，则企业会面临库存产品价格波动，从而影响企业利润的风险。如果产品价格大幅下跌，库存会造成企业利润下滑，所以企业需要对库存进行卖出套期保值。

贸易型企业应该按照企业的库存状况在期货盘面上做相应的卖出保值操

作，以规避库存产品价格下跌的风险。

对于贸易企业的销售而言，采购、销售环节在时间上的不对称性是其面临的最大风险，企业面临的风险主要来源于订单销售中的定价合同销售方式。

对于订单销售中的浮动定价合同销售方式而言，这种定价方式本身就为企业规避了现货价格波动所带来的风险。在日常经营中，企业采取从燃料油或低硫燃料油生产商家直接进货，加上利润后进行销售的方式，在企业不建立库存的前提下，这种销售模式本身就为企业规避了采购与销售环节的风险敞口。企业的这两种销售方式已经达到了自然保值的目的，因此，在这两种销售方式下，我们不建议企业进行相应的套期保值操作。

企业在订单销售中的以定价合同进行销售的方式所面临的风险主要源自企业事先锁定了销售价格，而进货成本尚未确定，一旦市场价格出现上涨，企业将面临销售利润缩水风险，甚至利润为负的风险。为了规避未来价格可能上涨而给企业带来的风险，我们建议企业在签订销售合同的同时，在期货盘面上买入相应数量的燃料油或低硫燃料油期货合约，做买入套期保值操作。

企业在期货市场上做燃料油或低硫燃料油买入保值，可规避燃料油价格上涨对企业造成的成本增加的风险。

案例 3－6

贸易企业套期保值

2022 年 6 月 1 日，某贸易商以 4250 元/吨的到岸价格进口了 20000 吨低硫燃料油，其中 5000 吨当月销售，另有 15000 吨低硫燃料油要库存 2 个月左右，以寻找买家。为规避后期可能出现的库存燃料油价格下跌的风险，该贸易商对其库存在 FU2209 合约上进行卖出套期保值，操作如表 3－6 所示。

表 3－6　　贸易商进行的卖出套期保值

时间及结果	现货市场	期货市场	基差
6 月 1 日	低硫燃料油价格 4250 元/吨	卖出 1500 手 9 月低硫燃料油期货；价格 4300 元/吨	－50 元/吨

续表

时间及结果	现货市场	期货市场	基差
8月1日	卖出15000吨低硫燃料油，低硫燃料油价格3200元/吨	买入1500手9月低硫燃料油期货；价格3300元/吨	-100元/吨
套保结果	亏损1050元/吨	盈利1000元/吨	-50元/吨
	净亏损50元/吨		

六、企业进行套期保值操作的主要风险点有哪些？

期货市场是高风险市场，企业在进行套期保值时，本身也存在风险，很多企业可能忽视套期保值风险而遭到损失，也可能恐惧套期保值风险而不敢进入期货市场。正确认识套期保值中存在的风险，有助于企业更好地利用期货市场。企业面临的风险主要有基差风险、决策风险、财务风险、流动性风险、交割风险、投机风险等。

（一）基差风险

很多人认为，企业只要严格按照“月份相同（相近）、种类相同、数量相等、方向相反”四个基本原则进行套期保值就能规避价格波动风险了，其实，这仅仅是一种理想的状态。期货套期保值得以实现的理论基础在于：期货合约到期时，期货价格与现货价格相同或趋于一致，期货与现货之间的盈亏正好相抵，这种对冲机制化解了风险。但事实并非这样，期货价格与现货价格总会存在一定程度的背离，这就是我们所说的基差，只不过基差大小不同而已。如果期货价格与现货价格背离严重，套期保值的理论基础就不存在了，在此基础上设计的套期保值方案也就规避不了价格波动风险了。这就是套期保值固有的基差风险。

在传统的套期保值理论中，假设期货价格与现货价格走势相一致，基差在合约到期时为零。但是，在实际运用中，套期保值并不是那么完美。对于金融期货和黄金、白银期货品种，由于市场大量套利行为的存在，期现之间的基差能较好地保持某一确定的关系，基差风险较小。但对于能源、金属、农产品等商品期货来讲，由于供需不平衡以及仓储等原因，特别是存在逼仓的情况下，可能会导致基差变化较大，基差风险也较大的结果。

一般情况下，企业根据生产计划所设计的套期保值方案，会跨越多个不同期限的合约，要完成与现货相对应的套期保值必须进行多次期货头寸移仓。在基差绝对值比较小的情况下，保值头寸不断移仓的收益或损失比较小，此时基差对套期保值的影响不大。但当基差出现异常情况时，其对套期保值影响程度比较大，而且保值时间越长，其影响程度就越大。当市场处于熊市状况下，出现巨大的正值基差时，也就是近高远低的情况下，卖期保值通过不断移仓可以获得可观的展期收益；但在牛市状况下，当出现巨大的负值基差时，也就是近低远高的情况下，情况就刚好相反。

（二）决策风险

套期保值并不是简单的买或卖，例如船用燃料油供油商，既可以选择买入套期保值，确保未来采购价格，也可以进行卖出保值，确保企业产品的销售价格。企业的保值对象都是燃料油，但是作出何种决策，就必须根据市场趋势进行判断。如果对期货市场行情判断失误，则可能作出不利的决策。企业在判断市场为牛市状态时，会倾向于对原材料进行买入套期保值；但当企业判断市场为熊市时，企业则倾向于对产品进行卖出保值。如果仅仅根据简单的判断就进行套期保值决策，则企业很容易发生亏损。一般来说，在牛市行情中，下游企业担心燃料油价一路上涨，所以进行了买入套期保值，结果价格一路上涨后，往往积累了较多盈利，而生产厂家把握不准什么时候是最高点，且由于要维持正常生产，必须进行卖出产品套现，所以只能一路卖上去。随行情的上涨，必然会产生较多亏损。

虽然期货与现货交易在操作上要基本同步，但在实际操作中，对期货市场的进入时机和进入点位的判断也非常重要，即使只相差一两天，套期保值的效果也可能差得非常大。

（三）财务风险

企业进行套期保值时，要根据采购数量或产品销售数量计算最优套期保值头寸。当生产经营规模较大时，期货头寸数量也较大，而且由于生产经营存在连续性，头寸持有的时间也会相对较长，即使套期保值方向正确，也容易产生财务风险。

一是保证金不足的风险。在保值期内，期货价格可能会出现短暂的剧烈波动，如2020年3月油价暴跌，在4月美国原油期货一度出现“负油价”，在这种极端行情下，如果企业进行买入套期保值，将面临巨大的风险。对于进行境外套期保值的企业，其更可能面临外汇调拨困难，被迫面对砍仓的风险。

二是在某些情况下企业需要追加保证金，或者套期保值头寸暂时出现亏损，会面对股东的压力。特别是对于一些上市公司的套期保值周期没有结束，但又临近报表公布日期时，企业往往会被迫将期货头寸平仓。

案例3-7

套期保值中的财务风险

1993年，德国金属公司进行原油买入套期保值，在价格下跌的过程中出现亏损，需要追加保证金。然而，在德国的会计惯例中，采取的是保守稳健的会计和信息披露制度，对按逐日盯市规则计算出来的浮动盈利不能计作公司的利润，但对潜在亏损却要披露出来。结果，在股东们反对追加保证金的情况下，企业被迫砍仓，当清仓结束后原油期货价格马上就涨过了原来的套期保值价位。最终的结果是，虽然公司做对了套期保值方向，却遭受了13亿美元的巨额亏损。

上市公司豫光金铅在2005年上半年年报中公布，在LME铅的卖出套期保值中亏损1711万元，但在2005年7月1日至7月4日，公司持仓的期货套期保值头寸实现了平仓盈利134721万元，但这不能计入上半年报表中，结果使企业面临巨大的压力。

（四）流动性风险

对于企业而言，一般要根据全年的原材料采购计划或者产品销售计划制订套期保值方案。现货采购或销售是均衡的，企业必须在与此相对应的期货合约月份进行操作。但是，期货市场的不同合约之间，活跃程度不同，其流动性也不同，如果相对应的期货合约流动性差，企业只能选择比较接近的合约进行替代，到期时进行移仓。如果不同月份之间基差比较小，则对保值效果影响不大；如果基差出现异常，则会严重影响套期保值效果。

在上述德国金属公司的原油套期保值操作中，德国金属公司买入保值头寸庞大、保值时间长达数年，而当期活跃的合约月份也就一两个，使大量保值头寸必须在不同月份间频繁移仓，增大了交易成本和移仓损失。

（五）交割风险

虽然期货交易中实际交割占持仓量的比例较小，而且套期保值也并不一定进行交割了结，但是作为现货企业，在期货市场采购原料或者销售产品价格有利可图时，实物交割也是企业在套期保值中经常会遇到的问题。现货交割环节较多，程序复杂，处理不好就会影响套期保值效果。交割风险主要来自以下几个方面：

（1）交割商品是否符合交易所规定的质量标准，特别是对于有质量期限或容易发生质量变化的商品，经常会面临交割质量不符的风险；

（2）交货的运输环节较多，在交货时间上能否保证；

（3）在交货环节中成本的控制是否到位；

（4）是否会因为库容受限导致商品无法入库；

（5）替代品种升贴水问题。

（六）投机风险

期货套期保值与投机在交易上并没有本质的区别。期货投机有时能够给企业带来巨额的利润，会使企业经常放弃套期保值的宗旨，或者不严格执行套期保值方案，结果出现期货操作名为套期保值，实为投机的情况，在市场方向发生变化或判断失误时给企业带来损失。在进行期货交易时，期货交易总量应与其同期现货交易总量相适应，也就是说，企业对套期保值头寸数量应进行限制，以不超过现货商品规模为限。一些企业初期进入期货市场时，目的是套期保值，但由于后来对头寸未能进行有效控制，超出了其生产或加工的规模，结果将套期保值操作改为期货投机，最终损失惨重。

总之，企业套期保值犹如一把“双刃剑”，既能化解市场风险，也能产生风险，关键是要看企业如何使用这把“利剑”。

自测题

一、不定项选择题

1. 低硫燃料油贸易企业在熊市行情中持有大量库存，在期货市场上最好进行（　）操作以实现套期保值。

A. 卖出　　B. 买入

C. 观望　　D. 大量买入

2. 燃料油价格的下跌对（　）企业的不利影响最小。

A. 储存型　　B. 贸易型

C. 消费型　　D. 生产型

3. 对于以原油等为原料的石化企业或船东等成品油消费企业来说，它们担心原油或成品油价格（　）。为了防止其需要进原料时，石油价格上涨而遭受损失，企业可采用买期保值的交易方式来减小价格风险，即在期货市场以买主的身份买进数量相等的期货合约。

A. 上涨　　B. 下跌

C. 不变　　D. 横盘振荡

4. 套期保值（　）进行实物交割。

A. 一定要　　B. 并不一定要

C. 只能　　D. 不能

5. 卖出套期保值不适用于以下（　）情况。

A. 燃料油生产型企业手头有即将生产的燃料油，担心日后出售时价格下跌

B. 燃料油贸易商手头有已签订将来以特定价格买进但尚未转售出去的燃料油

C. 燃料油加工型企业担心已有库存价格下跌

D. 燃料油消费型企业现由于某种原因不能马上购入燃料油，担心以后燃料油价格会上涨

6. 低硫燃料油存储型企业在库存较高的情况下希望未来价格最好是能够（　　）。

A. 下跌　　B. 上涨

C. 保持不变　　D. 大幅振荡

7. 对于加工型企业来说，为了锁牢其加工利润，企业既需要对购进的原材料进行（　　）保值，又需要对其产品进行（　　）保值。

A. 卖期；买期　　B. 卖期；卖期

C. 买期；买期　　D. 买期；卖期

8. 一方面期货市场提供了发现（　　）的功能，能够帮助企业做好全年的经营成本预算；另一方面，利用期货市场的价格机制，企业可以进行合理的（　　），锁定企业的生产成本。

A. 近期价格；卖出套期保值　　B. 远期价格；卖出套期保值

C. 近期价格；买入套期保值　　D. 远期价格；买入套期保值

9. 贸易型企业同时面临两大风险：（　　）和（　　）。企业既需要对库存进行卖出套期保值，又需要做燃料油买入保值，规避燃料油价格上涨对企业造成的成本增加的风险。

A. 投机风险　　B. 套期保值风险

C. 库存风险　　D. 销售风险

10. 生产型企业进行套期保值操作的主要风险点有（　　）。

A. 基差风险　　B. 决策风险

C. 财务风险　　D. 流动性风险

11. 一般而言，燃料油的供应企业可以在远期合约（　　）成本时，做卖出套期保值，从而锁定经营利润。

A. 高于　　B. 低于

C. 等于　　D. 不确定

12. 对于金融期货和黄金、白银期货品种来说，由于市场大量套利行为的存在，使期现之间的基差能较好地保持某一确定的关系，基差风险

(　　)。但对于金属、农产品等商品期货来讲，由于供需不平衡以及仓储等原因，特别是存在逼仓的情况下，可能导致基差变化较大，基差风险(　　)。

A. 较小；较小　　B. 较大；较大

C. 较小；较大　　D. 较大；较小

13. 交割风险主要来自（　　）。

A. 交割商品是否符合交易所规定的质量标准

B. 交货的运输环节较多，在交货时间上能否保证

C. 交割库是否会因库容所限导致无法入库

D. 替代品种升贴水问题

14. 下面有关套期保值的程序正确的是（　　）。

A. 入库预报—入库检验—签发标准仓单—交割—申请—套期保值头寸的建立

B. 套期保值头寸的建立—申请—入库预报—入库检验—签发标准仓单—交割

C. 入库预报—入库检验—申请—套期保值头寸的建立—签发标准仓单—交割

D. 申请—套期保值头寸的建立—入库预报—入库检验—签发标准仓单—交割

15. 如果相对应的期货合约流动性差，企业只能选择比较接近的合约进行替代，到期时进行移仓。如果不同月份之间基差比较小，则对保值效果影响不大；如果基差出现异常，则会严重影响套期保值效果，这说的是套期保值的（　　）风险。

A. 基差　　B. 决策

C. 流动性　　D. 财务

二、判断题

1. 套期保值交易应遵循的交易原则有交易方向相反、商品种类相同、商品数量相等及月份相同（或相近）原则。　　（　　）

2. 对于非期货商品，不可以选择价格走势互相影响且大致相同的相关

商品的期货合约来做交叉套期保值。（　　）

3. 成功的套期保值策略就是相对应于一单位的现货，要用一单位的期货合约才能实现较好的套期保值效果。（　　）

4. 国内燃料油的消费，一半以上是船用。（　　）

5. 如果期货价格与现货价格背离严重，套期保值的理论基础就不存在了，在此基础上设计的套期保值方案也就规避不了价格波动风险了。（　　）

三、填空题

1. 套期保值是指把期货市场当作________的场所，利用期货合约作为将来在现货市场上买卖商品的________，对其现在买进准备以后售出的商品或对将来需要买进商品的价格进行保险的交易活动。

2. 无论是________企业、________企业还是________企业，都有必要进行套期保值。

3. 买入套期保值是经营者为了规避将来某一时间购进实物商品________给自己造成损失，而预先在期货市场上相应时间买入________的期货合约进行保值，希望将来能用期货市场的盈利来弥补现货市场价格上涨所带来的损失。

4. 货物卖方在向指定交割仓库发货前，必须由________填写“燃料油入库预报单”，以书面形式（包括传真）向指定交割仓库办理入库预报。

5. 企业进行套期保值时，面临的财务风险有________和________。

参考答案

一、不定项选择题

1. A	2. C	3. A	4. B	5. D
6. B	7. D	8. D	9. CD	10. ABCD
11. A	12. C	13. ABCD	14. D	15. C

二、判断题

1. √　　2. ×　　3. ×　　4. √　　5. √

三、填空题

1. 转移价格风险；临时替代物
2. 生产型；消费型；贸易型
3. 价格上涨；同等数量
4. 会员
5. 保证金不足；由于股东的压力强行平仓

第四章

燃料油与低硫燃料油期货的套利交易

本章要点

除了套期保值，燃料油与低硫燃料油期货的另一作用便是投资套利。通俗地说，套利就是在同一时间进行不同合约的操作，以实现价差的低买高卖。套利交易分为跨期套利、跨市套利、跨商品套利，交易极大地丰富了期货市场的操作方式，但这种交易方式本身也存在较大风险，因此并非所有类型的企业都适合进行期货套利。进行套利的企业要特别注意计算好套利成本，要关注不同套利方式的影响因素。同时，若想实现良好的套利收益，投资者的套利策略就必须不断优化和改进。

一、什么是燃料油与低硫燃料油期货套利交易？

期货套利，是指期货市场参与者利用不同月份、不同市场、不同商品之间的差价，同时买入和卖出不同种类的期货合约，以从中获取利润的交易行为。一种商品的现货价格与期货价格经常存在差异，同种商品不同交割月份的合约价格之间也存在差异，同种商品在不同交易所的交易价格变动也存在差异。这些差异的存在，使期货市场的套利交易成为可能。

通俗地说，套利就是在同一时间进行不同合约的操作，以实现价差的低买高卖。正是由于期货市场上套利行为的存在，才极大地丰富了市场的操作方式，增强了期货市场投资交易的特色。在价差交易刚开始出现时，市场上的大多数人都把它当成投机活动的一种，然而，伴随着该交易活动发生的频率越来越高、影响力越来越大，套利交易被普遍认为是发挥着特定作用的、具有独立性质的、与投机交易不同的一种交易方式。

期货市场套利的技术与做市商或普通投资者大不一样，套利者利用同一种商品在两个或者更多合约之间的价差，而不是任何一个合约的价格进行交易。因此，套利者的潜在利润不是基于商品价格的上涨或者下跌，而是基于不同合约之间价差的扩大或者缩小，从而构成其套利交易的头寸。正是因为套利交易的获利并不是依靠价格的单边上涨或下跌来实现的，所以，在期货市场上，这种风险相对较小而且是可以控制的，而其收益则是相对稳定且比较优厚的操作手法备受大户和机构投资者青睐。

所谓燃料油与低硫燃料油期货套利交易，就是指以燃料油或低硫燃料油期货以及相关品种作为交易标的物而进行的套利交易行为，或者是指以燃料油与低硫燃料油期货之间的套利交易行为。

二、套利交易有哪些分类？

套利指同时买进和卖出两张不同的期货合约，交易者从两个期货合约价格间的变动关系中获利。套利一般可分为三类：跨期套利、跨市套利和跨商品套利。

（一）跨期套利

跨期套利，是指投机者在同一市场利用同一种商品不同交割期之间价格差距的变化，买进某一交割月份期货合约的同时，卖出另一交割月份的同类期货合约，以谋取利润的活动。其实质是利用同一种商品期货合约的不同交割月份之间差价的相对变动来获利。这是最常用的一种套利形式。跨期套利与商品绝对价格无关，而仅与不同交割期之间价差的变化趋势有关。

具体而言，这种套利又可细分为三种：牛市套利、熊市套利及蝶式套利。例如，在进行燃料油期货合约牛市套利时，套利者要买入近期交割月份的燃料油期货合约，同时卖出远期交割月份的燃料油期货合约，是希望近期合约价格上涨幅度大于远期合约价格上涨幅度。而熊市套利则相反，即套利者要卖出近期交割月份合约，买入远期交割月份合约，并期望远期合约价格下跌幅度小于近期合约的价格下跌幅度。

案例 4－1

牛市套利

牛市套利的基本做法参见表 4－1。

表 4－1　牛市套利案例

时间及结果	套利交易		价差
7 月 1 日	买入 10 手 9 月燃料油期货合约，价格为 4000 元/吨	卖出 10 手 11 月份燃料油期货合约，价格为 4100 元/吨	100 元/吨
8 月 1 日	卖出 10 手 9 月燃料油期货合约，价格为 4400 元/吨	买入 10 手 11 月份燃料油期货合约，价格为 4350 元/吨	50 元/吨
套利结果	盈利 400 元/吨	亏损 250 元/吨	—
	净盈利 =（400 元/吨 － 250 元/吨）×100 吨 = 15000 元		

从案例 4－1 可见，正向市场上，价差是否缩小决定了该套利是否成功。对燃料油期货来说，一般燃料油仓单每个月的持仓费决定了相邻两个交割月

份合约的价差。同一燃料油生产年度内的两个相邻月份的合约，如果较远期月份合约与较近期月份合约的价差大于持仓费用，则预计将来价差要回归至持仓费用。那么，卖远期月份合约的同时，套利者买近期月份合约时可以获利，且价差越大，风险越小，获利空间越大。

在反向市场中，若是价差扩大，则对套利者有利。另外，因为近期合约对远期合约的升水没有限制，而远期合约对近期合约的升水却受制于持仓费，所以这种牛市套利的获利潜力巨大，风险却有限。

案例 4－2

熊市套利

熊市套利的基本做法参见表 4－2。

表 4－2　　熊市套利案例

时间及结果	套利交易		价差
7 月 1 日	卖出 10 手 9 月份燃料油期货合约，价格为 4000 元/吨	买入 10 手 11 月份燃料油期货合约，价格为 4100 元/吨	100 元/吨
8 月 1 日	买入 10 手 9 月份燃料油期货合约，价格为 3600 元/吨	卖出 10 手 11 月份燃料油期货合约，价格为 3800 元/吨	200 元/吨
套利结果	盈利 400 元/吨	亏损 300 元/吨	—
	净盈利 =（400 元/吨 － 300 元/吨）×100 吨 = 10000 元		

与案例 4－1 不同的是，案例 4－2 中的价差是否扩大，决定了该套利是否成功。如果远期月份合约与近期月份合约的价差小于持仓费用，预计将来价差会回归至持仓费用，那么买远期月份合约的同时，卖近期月份合约就能获利，且价差越小，风险越小，获利空间越大。

在反向市场中，若是价差缩小，则对套利者有利。另外，因为正向市场中价差的扩大受制于持仓费，而反向市场中近期合约对远期合约的升水却可以很大，所以这种熊市套利可能获得的利益有限，可能受到的损失却是无限的。

小贴士

蝶式套利

蝶式套利是跨期套利中另外一种常见的形式。它是由两个方向相反、共享居中交割月份合约的跨期套利组成。蝶式套利与跨期套利的相似之处在于，二者都认为同一种商品在不同交割月份之间的价差出现了不合理的情况，但是不同之处在于，跨期套利只涉及两个交割月份合约的价差，而蝶式套利认为中间交割月份的期货合约价格与两边交割月份合约价格之间的相关关系将会出现差异。蝶式套利所涉及的三个交割月份的合约可分别称为近期合约、居中合约和远期合约。蝶式套利的具体操作方法是：买入（或卖出）近期月份合约，同时卖出（或买入）居中月份合约，并买入（或卖出）远期月份合约。其中，居中月份合约的数量等于近期月份合约和远期月份合约数量之和。这相当于在近期月份与居中月份之间的牛市（或熊市）套利和在居中月份与远期月份之间的熊市（或牛市）套利的一种组合。

例如：套利者在买入 2 份 7 月份燃料油合约，卖出 6 份 9 月份燃料油合约的同时，又买入了 4 份 11 月份燃料油合约；或者卖出 2 份 7 月份燃料油合约，买入 6 份 9 月份燃料油合约的同时，又卖出了 4 份 11 月份燃料油合约。这均是蝶式套利操作。因为近期月份和远期月份的期货合约分居于居中月份的两侧，形同蝴蝶的两个翅膀，因此它被称为蝶式套利。可见，蝶式套利是两个跨期套利的互补平衡的组合，可以说是“套利的套利”。

（二）跨市套利

跨市套利是在不同交易所之间的套利交易行为。当同一期货商品合约在两个或更多的交易所进行交易时，由于区域间的地理差别，各商品合约间可能存在一定的价差关系。例如，伦敦金属交易所（LME）与上海期货交易所（SHFE）都进行阴极铜的期货交易，每年两个市场间会出现几次价差超出正常范围的情况，这为交易者的跨市套利提供了机会。例如，当 LME 铜价大幅低于 SHFE 铜价时，交易者可以在买入 LME 铜合约的同时，卖出 SHFE 的铜合约，待两个市场价格关系恢复正常时再将买卖合约对冲平仓并从中获利；反之亦然。在做跨市套利时应注意影响各市场价格差的因素，如运费、关税、汇率等。

例如，当 NYMEX 的 WTI 原油期货与 ICE 的布伦特原油期货的价差小于合理水平时，交易者可以在买入 WTI 原油合约的同时卖出布伦特原油合约，待两个市场的价格关系恢复正常时，再将合约对冲平仓并从中获利；反之亦然。

案例 4－3

跨市套利

7 月 1 日，纽约商品交易所（NYMEX）轻质低硫原油期货合约（WTI 原油期货）12 月合约价格为 53 美元/桶，英国国际石油交易所（IPE）的布伦特原油期货 12 月合约价格为 48 美元/桶，价格差达到 5 美元/桶，套利者认为存在套利空间，其价格差将会缩小。于是他买进 10 手布伦特原油期货合约，卖出 10 手 WTI 原油期货，期望将来某个有利时机同时平仓获取利润，跨市套利操作见表 4－3。

表 4－3 跨市套利案例

时间及结果	套利交易		价差
7月1日	买入 10 手布伦特原油期货 12 月合约，价格为 48 美元/桶	卖出 10 手轻质低硫原油期货 12 月合约，价格为 53 美元/桶	5 美元/桶
8月1日	卖出 10 手布伦特原油期货 12 月合约，价格为 49 美元/桶	买入 10 手轻质低硫原油期货 12 月合约，价格为 52 美元/桶	3 美元/桶
套利结果	盈利 1 美元/桶	盈利 1 美元/桶	—
	净盈利 =（1 美元/桶 +1 美元/桶）×10000 桶 =20000 美元		

可见，如果预期价差缩小，则买入低价合约，卖出高价合约；反之亦然。

（三）跨商品套利

跨商品套利指的是利用两种不同的但相关联商品之间的价差进行交易。

这两种商品之间具有相互替代性或受同一供求因素制约。跨商品套利的交易形式是同时买进和卖出相同交割月份但不同种类的商品期货合约。例如金属之间、农产品之间、金属与能源之间等都可以进行套利交易。

跨商品套利必须具备以下条件：一是两种商品之间应具有关联性与相互替代性；二是交易受同一因素制约；三是买进或卖出的期货合约通常应在相同的交割月份。

1. 相关商品间的套利

比如燃料油、取暖油、天然气等相关商品间，存在一定的合理价差，当价差脱离了它们之间的合理价差时，就出现了套利空间，即如果预期价差缩小，则买入低价合约，卖出高价合约。上海燃料油及低硫燃料油期货上市后，这两种燃料油价差套利成为较为常见的套利策略，燃料油与低硫燃料油期货均为保税交割、净价交易，这两种燃料油价差在一定程度上反映了全球炼油厂主产品与副产品之间利润差的走势，价差波动背后具有较强的产业逻辑。

2. 原料与成品间套利

原油与成品油之间可以进行这种形式的套利，也可以认为是对裂解价差进行交易。正常情况下，作为原料的原油和其炼制品的成品油之间存在一定的价格差异。当这种价格差异偏离了正常范围时，就可以进行原油与成品油之间的套利，即如果预期价差缩小，则买入低价合约，卖出高价合约。

（四）套利交易的优点和不足

套利交易风险小、回报稳定，对于大资金而言，如果单边重仓介入，将面临持仓成本较高、风险较大的不足；反之，如果单边轻仓介入，虽然可能降低风险，但其机会成本、时间成本也较高。因此，整体而言，大资金单边重仓抑或单边轻仓介入期市，均难以获得较为稳定和理想的回报。而大资金如果以多空双向持仓介入期市，也就是进行套利交易，则既可规避单边持仓所面临的风险，又可能获取较为稳定的回报。

1. 套利交易的优点

（1）更低的波动率。由于套利交易博取的是不同合约的价差收益，而价差的一个显著优点是通常具有更低的波动率，于是套利者面临的风险更小。一般而言，价差的波动比期货价格的波动小得多。例如，上海期货交易所交易的铜期货每天的价格变化一般在400～700元/吨，但是相邻交割月份之间的价差每天变动在80～100元/吨。许多商品价格的波动性都很强，需要日常监控。而价差的日内波动往往很小，只需要每天监控几次甚至更少。如果一个账户的资金波动得很厉害，投机者必须存入更多的钱来防止可能的损失。利用套利交易，则很少有这样的担忧。

（2）有限的风险。套利交易是唯一具有有限风险的期货交易方式。由于套利行为的存在以及套利者之间的竞争选择，期货合约之间的价格偏差会得到纠正。考虑到套利的交易成本，期货合约之间的价差会维持在一个合理范围内，所以价差超过该范围的情况是不多的。这意味着可以根据价差的历史统计，在历史的高位或低位区域建立套利头寸，同时可以估算出所要承担的风险水平。另外，套利是同时买卖两个高度相关的期货合约，就是构造了一个由两个基本是负相关的资产构成的投资组合。该组合的风险自然大大降低。

（3）对涨跌停的保护。许多套利交易的对冲特性，可以对涨跌停板提供保护。因为政治事件、天气和政府工作报告等都可以使期货价格暴涨暴跌，有时甚至引发涨跌停板启动，将价格封死在涨跌停板上而无法成交。一个做反了的单边交易者在平仓之前会损失惨重，往往会造成交易者的账户亏空，还需要追加保证金。在同样的环境下，套利交易者基本上都能受到保护。以跨期套利为例，由于套利交易者在同一种商品既做多又做空，在涨跌停日，他的账户通常不会发生大幅亏损。虽然在涨跌停板打开后，价差可能不朝交易者预测的方向走，但由此造成的损失往往比单边交易小得多。

（4）更有吸引力的风险收益比率。相对于给定的单边头寸，套利头寸可以提供一个更有吸引力的风险收益比率。虽然每次套利交易的收益不是很高，但成功率高，这是由价差的有限风险以及更低的波动率特性带来的好处。长期而言，做单边交易盈利的只占少数，能够盈利的，往往10个人中不超过3个人。而套利不一样，它有收益稳定、低风险的特点，它具有的更吸引人的收益风险比率更适宜大资金的运作。在持有单边头寸的多空双方激烈争夺过程中，套利者往往可以择机介入，轻松获利。

（5）价差比价格更容易预测。期货的价格因为其有较大的波动率，往往不容易预测。在牛市中，期货价格会涨得出乎意料的高，而在熊市中，期货价格又会跌得出乎意料的低。套利交易不是直接预测未来期货合约的价格变化，而是预测未来供求关系变化引起价差的变化。做后一种预测显然比前一种预测的难度降低得多。决定未来影响商品价格的供求关系是十分复杂的，虽然有规律可循，但仍然包含许多不确定性。而预测价差的变化，则不必考虑所有影响供求关系的因素。由于两种期货合约的关联性，许多不确定的供求关系只会造成两种合约价格的同涨同跌，对价差的影响不大，对这一类供求关系就可以忽略了。预测两种合约间价差的变化，只需要关注各合约对相同的供求关系变化反应的差异性，这种差异性决定了价差变动的方向和幅度。

2. 套利交易的不足

任何事物都有两面性，套利交易也不例外。除了上述优点外，还有以下几处不足：

（1）潜在收益受限制。在许多投资者看来，套利的最大缺点是潜在收益受限制。这是很正常的，如果限制了交易中的风险，通常也会限制潜在收益。不过，最终是否选择套利交易，还得权衡套利的诸多优点和有限的潜在收益。

（2）绝好的套利机会不可能频繁出现。套利机会的多寡，与市场的有效程度密切相关。市场的效率越低，套利机会越多；市场的效率越高，套利机会越少。就目前国内的期市而言，有效程度还不高，各个期货品种每年都会存在几次较好的套利机会。不过，相对于单边大趋势，每年的套利机会也算多的了。

（3）套利也有风险。套利虽然具有有限风险的优点，但毕竟还是存在风险的。这种风险来自：价格偏差会继续错下去。合约之间的强弱关系往往在短期内保持“强者恒强，弱者恒弱”的态势。假如这种价格偏差最终会被纠正，套利者在这种交易中也不得不遭受暂时的损失。如果投资者能承受这种亏损，最终就会扭亏为盈，但有时投资者无法熬过亏损期。况且，如果做空的合约遇到挤空现象，且持续到该合约交割，那么价格偏差将无法纠正，套利交易必将以失败告终。

三、套利交易主要的风险点有哪些？

成功的投资源自对风险的认识和把握。和其他投资一样，期货套利投资也存在一定的风险，分析评估其风险来源有助于正确决策和投资。具体来说，套利投资中可能存在如下风险。

（一）价差往不利方向运行

价差的运行方向直接决定了该项套利盈亏与否。我们在做套利投资计划时，应该充分考虑价差往不利方向运行的可能性，如果一次套利机会价差不利运行可能造成的亏损为200点，而价差有利运行可能导致的盈利为400点，那么这样的套利机会就应该把握。同时，也应对可能的价差不利运行设定止损，并严格执行。鉴于价差风险的重要性，在实际操作中一般给予其的风险权重为80%。

因为价差具有较强的产业意义，一般来说，当价差严重偏离历史均值区间时，套利者可通过产业链格局的重塑来实现价差回归，但有时在特殊的基本面背景下，价差可能会突破历史极值，例如2020年全球海运限硫令实施前后，低硫燃料油需求迎来爆发式增长，且产能相对短缺，高硫、低硫燃料油的价差由100美元/吨走阔至300美元/吨及以上。

（二）交割风险

交割风险主要体现在跨期套利或者内外盘跨市套利上，主要是指能否生成仓单的风险以及仓单有可能被注销重新检验的风险，由于套利者在做一份套利计划时已经详细考虑了上面的情况，并做了周密计算，因此，一般应给予该风险的权重为10%。

（三）极端行情的风险

极端行情的风险主要是指出现极端行情时交易所可能会强制平仓的风险。随着期货市场的日趋规范，这类风险已经越来越小，而且该风险还可以通过申请套期保值等方法来规避。因此，给予的权重也是10%。

四、为什么要选择套利交易?

套利交易的交易对象和所制定的交易策略不同于价格单边交易，两者之间没有绝对的优劣，是一种独立于单边交易的投资交易渠道。而对两者的取舍，很大程度上取决于投资者的风险偏好、投资风险和资金大小。

一般情况下，套利交易所涉及的合约间价差的变化比单一合约的价格变化要小得多，属于风险小、收益稳定的交易方式。所以，套利交易主要是大资金量或者风格稳健的交易者的投资选择。下面我们对套利交易的整体优势和特点进行说明。

（一）对冲相关商品的不确定性

1. 更低的波动率和风险

相对于单种商品而言，套利交易对冲了部分影响价格变动的不确定因素。因此，一般情况下，价差的波动比价格的波动小得多，套利者所面临的风险更小，且减小了投资者的资金管理压力。

2. 有限风险

对于那些有对应现货运行机制的套利，套利者可能做到有限风险，甚至理论上无风险。例如，如果可存储商品近期合约的价格低于远期合约价格，且价差高于商品的持有成本，这时交易者就可以进行买入近期合约卖出远期合约的套利。即使在临近交割时，远期合约对近期合约的价差扩大了，套利者也可以选择在近期合约上买入交割、在远期合约上卖出交割。因此，这种套利是有限风险套利。这也是通常所说的“现货持有套利（Cash and Carry Arbitrage）”。

3. 对涨跌停板形成保护

许多套利交易的对冲特性，不但对日间价格波动形成对冲，还可以对涨跌停板设置形成保护。例如，因为政治事件、重大事故、天气、政府工作报告等突发事件，期货价格可能会出现暴涨暴跌，甚至涨停或者跌停，这时候，做反了的头寸在平仓前的损失会很惨重，甚至会给交易者账户造成亏空。然而，在同样的条件下，套利交易者基本上受到了保护，造成的损失往往比单边交易小得多。

4. 风险收益比更具吸引力

相比于给定的单边头寸，套利头寸可以提供一个更有吸引力的收益风险比率。虽然每次套利交易收益不是很高，但成功率高，这是由价差的有限风险、更低风险以及更低波动率的特性决定的。一般情况下，做单边交易盈利的只占少数，能够盈利的也就三成。而套利不一样，套利交易具有收益稳定、低风险的特点，具有更吸引人的收益风险比率，从而更适宜大资金的运作。

5. 套利是独立于投机的交易策略

客观而言，投资方式之间没有绝对的优劣，对投资方式的选择，很大程度上取决于投资者的风险偏好、投资风险承受能力和资金大小。套利交易是一种风险相对小、收益相对稳定的交易方式。在一般情况下，套利交易所涉及的合约价差变化比单一合约的价格变化要小得多，但获利机会却较多。同时，套利是用“两条腿”走路，所以，套利交易往往是大资金量、交易风格稳健的交易者的主要投资选择。实际上，基于套利收益稳定、投入资金较多的特点，基金是进行套利交易、获得套利利润的一个上佳途径。

（二）套利交易策略的优化

要实现良好的套利收益，投资者的套利策略需要不断进行优化和改进。事实上，优化和改进套利策略的本质就是减小错误交易的概率。实践证明，期市里的成功者都是较少犯错误的人。

1. 制订完整的套利交易计划，并保证套利计划得到严格的执行

盲目的套利交易必然产生令人不愉快的套利结果，因此，事先制订完整的套利计划是必须的和应当的。此外，在套利执行过程中，还应注意两点：

（1）多运用限价单以保证既定套利目标的实现，而市价单入市则可能使套利交易偏离理想的价差水平。

（2）清醒认识到自己进行的是套利交易而不是一般性的投机交易，因此，套利结束时应将自己的多单和空单全部进行平仓。心存侥幸的交易往往会破坏套利计划的严肃性，而单边持有的空单或多单所带来的风险则可能会给套利者带来巨大的亏损。如果视套利为一个行为过程的话，套利计划则是重要的起点，良好的套利计划也许不是套利成功的充分条件，但却是套利成功的必需要素。

2. 切记并非所有的套利都是低风险交易

套利风险小，并不等于无风险，即套利虽为投资者提供了一定的保护机制，但不能就此推论套利交易一定是低风险的交易方式。比如：那些难储藏、易变质的商品期货（如豆粕、肉类等）的价格走势可能会出现难以预料的变化；交割期即将来临的合约价格可能会发生剧烈的波动；不太活跃的期货合约也可能会受到庄家主力的人为操纵。为此，进行套利交易应尽量规避即将到期的合约，远离陌生的市场，多选择较为活跃的大品种，只参与自己熟悉的期货合约。总之，套利风险既可能来源于交易者自身的主观错误（如错误估计了价格波幅），也可能来源于外在的客观因素（如政府政策导致的商品价格扭曲性变动）。

3. 通常情况下，交易者不使用套利交易来保护已亏损的单边交易，但在某些情况下也可运用套利交易来分散风险

众所周知，风险是期货市场的孪生兄弟，因此该认输时就要认输。如果单边做空某一期货合约后，市场价格便不断上涨，这时唯一的选择就是承认损失，迅速离市。这时如果通过套利交易卖空同一商品期货的另一合约，这只能将损失暂时锁住，并不能扭转亏损的事实，反而增加了保证金和交易费。但在一些特殊情况下，即使做了单边多头或空头交易后因判断失误而存在较大亏损风险时，仍可借助套利交易来力挽狂澜。

例如，若交易者卖空 1 月份低硫燃料油期货合约后，突发的风险事件使

价格猛涨至涨停板，因为涨停板已激发了更多的投机者买入，所以使交易者的买入对冲交易难以实现。这时，交易者可在更远期的9月期货合约上买空两个或两个以上的合约以锁住原先的卖空合约，即由于近期月份期货合约价格的涨速远超过远期合约价格的涨速，则可用多个远期买盘交易来弥补近期卖盘交易的亏损，从而分散了原有的单边交易风险。

4. 注重空头套利交易机会的准确把握

根据有关统计资料，在空头市场上进行的套利，往往比在多头市场上的套利更能使交易者实现预期目标利润。许多农产品的期货交易均证明了空头套利存在较大的利润空间。这里，所谓的空头套利，即前面讲的熊市套利，就是卖出近期交割月份合约的同时买进远期交割月份合约的套利操作方式。

总之，套利是一个连续的操作决策过程，从研究套利对象的特性到制订套利计划，再到选择入市和出市的时机，确保套利交易的理想收益，都需要一定的自律、足够的耐心和不断的总结。交易者之所以进行套利交易，主要是因为套利的风险较低，套利交易可以为避免始料未及的或因价格剧烈波动而引起的损失提供某种保护，但套利的盈利能力也较直接交易小。

（三）套利的主要作用

套利的主要作用有两个：一是帮助扭曲的市场价格回复到正常水平；二是增强市场的流动性。

五、跨市套利应注意哪些因素？

（一）运输费用

运输费用是决定同一商品品种在不同交易所间价差的主要因素。一般来说，离产地近的交易所上市期货品种的价格较低，离产地远的交易所上市的期货品种的价格则较高。对于高度依赖进口的品种来说，进口来源地的期货品种的价格一般较低，而国内的期货品种的价格则较高，因此，一般国内保税燃料油市场的高硫燃料油的价格显著高于新加坡的，但低硫燃料油期货的价格与新加坡相差不大。

举个简单的例子：如果上海燃料油期货合约价格与新加坡市场的期货合约价格差额超过运费价格以及一定的资金利息和仓储费用，那么就存在跨市套利的机会。从另外一个角度看，运输费用也将对上海燃料油期货产生较大影响。例如，2022 年俄乌冲突导致全球成品油运距增加，运费飙升，从新加坡至中国宁波港的阿芙拉船型运费一度由平时不足 5 美元/吨上升至 20 美元/吨，使上海燃料油期货与新加坡高硫燃料油掉期的价差相应走高。

（二）交割品级的差异

跨市套利交易的虽然是同一个品种，但是不同交易所对于交易产品的品质级别有不同的规定，这也会导致价格的差异。例如，上海燃料油期货 2018 年末开始在合约质量标准基础上增加了补充检验项目，涉及醇类、醚类、酚类等 8 项指标，使其质量标准高于新加坡 380 高硫船用油，所以盘面理论上存在一定的品质溢价。上海低硫燃料油期货在黏度、密度下限以及相容性等方面也有相关补充检验的规定。

（三）地区进出口政策的影响

不同地区的出口政策可能会对跨区价差形成明显影响。例如，2015 年前，美国原油禁止出口，页岩油高产压力下 WTI 与 Brent 原油的价差一度拉宽至 25 美元/桶及以上。但出口政策打通后，套利贸易使价差缩窄至合理区间。又如，2020 年我国开始施行的低硫燃料油出口退税政策规定，出口退税的产品仅能进行保税船加注，不能进行一般贸易出口，在低硫燃料油期货的跨市套利中交易者要格外注意。

（四）交易单位与汇率波动

在跨市套利时，可能会遇到不同交易单位和报价体系问题，这在一定程度上会影响套利的效果。如果在不同国家的市场进行套利，交易者还要承担汇率波动风险。

上海燃料油或低硫燃料油期货与新加坡市场相关品种的套利涉及进口和出口两种贸易方式。因为中国是燃料油的净进口国，买新加坡市场相关品种卖上海市场相关产品是一种风险度相对较小的操作，但是也不能排除这种操作出现损失的可能性。

中国的燃料油或低硫燃料油进口一般参照新加坡市场的价格，进口至保税市场的进口成本为：

进口成本 =（MOPS 价格 + 贴水）×汇率 + 其他费用

其中，汇率按当天的外汇牌价计算，其他费用包括港务费、港口设施保安费、货代费、油污基金、码头装卸费、仓储费、商检费等。

由上述公式我们发现，进口成本的核算必须要顾及一个参数——汇率，汇率的波动会对进口成本造成影响。如果汇率上升，进口成本则上升；反之，进口成本则降低。

如果进口成本低于上海期货交易所燃料油或低硫燃料油的盘面价格，其差值仍然大于上述的相关成本，那么则存在买新加坡市场相关品种卖上海市场相关品种的跨市场套利机会。

（五）保证金和佣金成本市场

跨市套利需要投资者在两个市场缴纳保证金和佣金，保证金占用成本和佣金费用要计入投资者的成本之中。只有两市间的套利价差大于上述成本时，投资者才有必要进行跨市套利。

六、跨期套利交易需要注意哪些因素？

在燃料油或低硫燃料油的牛市格局中，期货价格近强远弱，每次临近换月前，即将成为主力月份合约的价格与后续月份合约的价格间的基差都有一个明显扩大的过程。在这个过程出现之前，我们就可以做买近抛远的跨期套利了。

我们如果要参与跨期套利交易，那么以下几点必须引起我们的重点关注。

(1) 仓储费用决定了反向跨期套利的边界，一般，库容越紧张仓储费越高时，反向跨期套利的空间越大。

(2) 成交量清淡，且持仓量低迷，难以容纳更大规模资金的参与。

(3) 参与正向套利的基点在于现货价格维持相对高位，整体市场仍处于牛市之中。从单纯合约的价格走势上看，尽管呈现牛市，但仍然上下波动较大，难以把握，因此，套利不失为一种理想策略。值得关注的是，内外市场何时步入调整或结束牛市，届时，套利模式可能发生变化。

当然，除了正向跨期套利，还有反向跨期套利，即买远抛近，这多是基于对市场走熊的预期或季节性因素造成的。

七、跨品种套利需要注意哪些因素？

(一) 两品种具有一定的相关性

我们在进行跨市场套利、跨期套利的时候，能够实现套利利润的前提在于标的物是燃料油或低硫燃料油单一类品种，属于百分百相关的。也就是说，我们在进行跨品种套利时，一定要关注两个品种的相关程度。譬如燃料油和铜，两个品种虽然都是上海期货交易所的上市品种，但一个是能源化工类，另一个是金属类，虽然两个品种都是国内稀缺资源，但铜是宏观经济的风向标，而燃料油由于其石化属性较强，并不能反映经济的整体状况，故对这两个品种进行套利就不具备参考价值。

(二) 跨品种套利要注意等额或等量

打个比方：菜籽油和燃料油受国际油价的影响都比较大，通过研究我们发现，菜籽油与燃料油的比价始终维持在一定的区间内，如果该比价达到了区间上沿，则说明菜籽油价格被高估，燃料油价格被低估，可以进行卖菜籽油期货买燃料油期货的套利操作；反之，若比价达到了区间下沿，则说明菜籽油价格被低估，燃料油价格被高估，可以进行买菜籽油期货卖燃料油期货的套利操作。在该项交易中，若按比价来，资金量应该是等金额的，那么两品种的涨（跌）幅之差便是跨品种套利操作应重点关注的因素。

八、哪些机构比较适合燃料油或低硫燃料油期货套利交易？

（一）具有现货背景的机构

由于套利交易中，譬如期现套利、跨期套利都可以涉及交割，那么具有燃料油或低硫燃料油现货背景的机构就具有天然的交易条件。如果在实盘跨期套利交易中，也就是参与交割的跨期套利中，价差向不利于自身方向发展的话，则机构可以通过接实货规避价差风险。

（二）具有较大规模资金的机构

我们知道，套利交易的风险较低，而对应的便是其较低的收益，那么参与套利交易或者说其中的虚盘跨期套利，实际上并非所有机构都合适。同时，像跨品种套利这类业务，需要机构投入较大的研发力量，同时也涉及交易过程中的止盈和止损问题，所以，较大规模资金的机构具有一定的优势。

（三）具有结构性理财需求的机构

套利交易因为其较低的风险，以及较为稳定的年回报率，对于一些机构来说，它可以通过参与套利交易实现一定的稳定收益，而这一部分的稳定收益可以通过参与其他高杠杆市场的操作（如期货单边、外汇、期权等）来获得一个结构性的收益。

九、燃料油与低硫燃料油期货内外盘价差的运行是怎样的？

（一）燃料油与低硫燃料油期货内外盘市场运行综述

由于我国燃料油与低硫燃料油期货都遵循净价交易及保税交割，与新加坡市场具有高度联动性，除了特殊节假日及收盘时间不同导致的不同外，两个市场相关品种价格的波动节奏较为吻合，但波动幅度会有所区别，反映了内外市场的基本面差异。由于高硫、低硫燃料油的产业政策及贸易格局不尽相同，近年来内外盘价差的运行过程中各有亮点，但都在一定程度上改变了长期以来完全依靠海外基准进行定价的局面，燃料油和低硫燃料油期货价格体现了部分中国市场的基本面因素，这也是分析内外盘价差的基础（见图4－1、图4－2）。

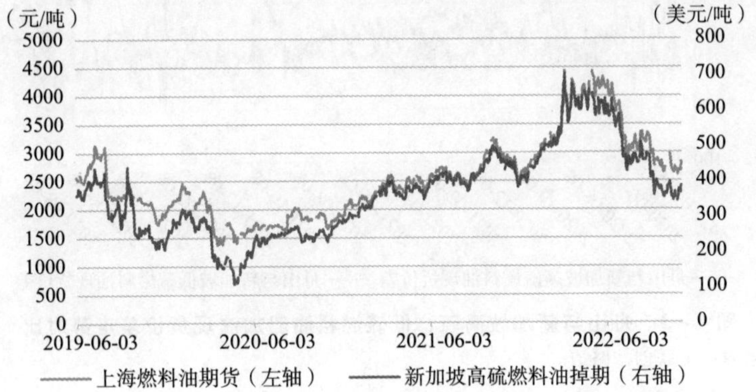

图4－1　上海燃料油期货与新加坡高硫燃料油掉期走势对比

资料来源：同花顺、路透。

保税燃料油与低硫燃料油期货交割库的集中地是舟山，舟山也是我国最大的保税船供油基地，舟山与新加坡地区的现货价差较好地反映了高硫、低硫燃料油的跨区价格特征（见图4－3）。高硫燃料油由于完全依靠进口，除

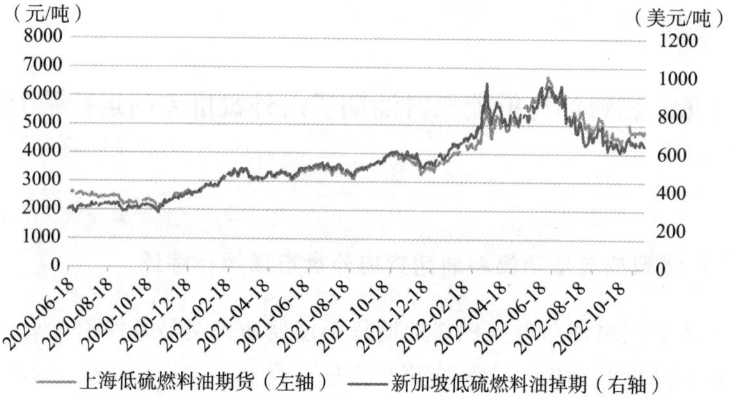

图 4-2 上海低硫燃料油期货与新加坡低硫燃料油掉期走势对比

资料来源：同花顺、路透。

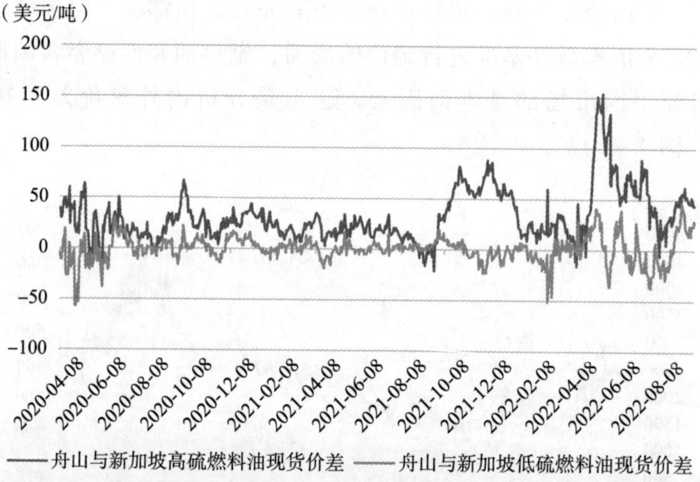

图 4-3 舟山与新加坡高硫、低硫燃料油船加油现货价差走势对比

资料来源：金联创、路透。

了极个别时期外，舟山市场价格均高于新加坡市场价格，低硫燃料油由于有出口退税的国产货源供应，舟山市场与新加坡市场价差围绕零值波动，也正因如此，中国低硫燃料油保税船加注业务得以快速发展，在亚洲市场上的份额不断加大。因此，高硫燃料油的内外盘价差通常受运费波动、国内保税市场供需及库存等因素影响较大，而低硫燃料油内外盘价差在此基础上还会受到国内炼厂供应的影响。

（二）新加坡市场与我国市场燃料油期货的关联性

2018 年挂牌交易以来，燃料油期货内外盘价差波动受期货交割库库存的影响相对明显，主要因国内保税高硫燃料油市场长期以来基本依靠进口，贸易环节挂靠新加坡市场价格基准，贸易成本边界基本决定了内外盘价差边界。燃料油期货内外盘价差的波动于 2019 年下半年开始加大，主要是 IMO2020 限硫新规临近影响高硫燃料油主动去库周期，低库存下各地价格弹性被不断放大（见图 4－4）。当年年末，受运费飙涨影响，燃料油内外盘价差大幅冲高。新冠疫情发酵后，燃料油内外盘价差也经历了与原油类似的冲高继而回落的过程，与国内买盘力量的强弱转换及油品库容压力的由紧转松息息相关。更为特别的是，由于 IMO2020 限硫新规执行后高硫燃料油船用需求急剧萎缩，期货交割库库存对现货市场的影响力大幅提升，2020 年交割库月均仓单量与全国高硫船用燃料油月均消费量的比值为 5.3∶1，2021 年这一比值为 1.9∶1，在全球商品期货中处于绝对高位，在很大程度上限制了燃料油期货内外盘价差的走高；反之，内外盘价差的弱势也反映出保税高硫船用燃料油市场库销比位于绝对高位的供需格局。

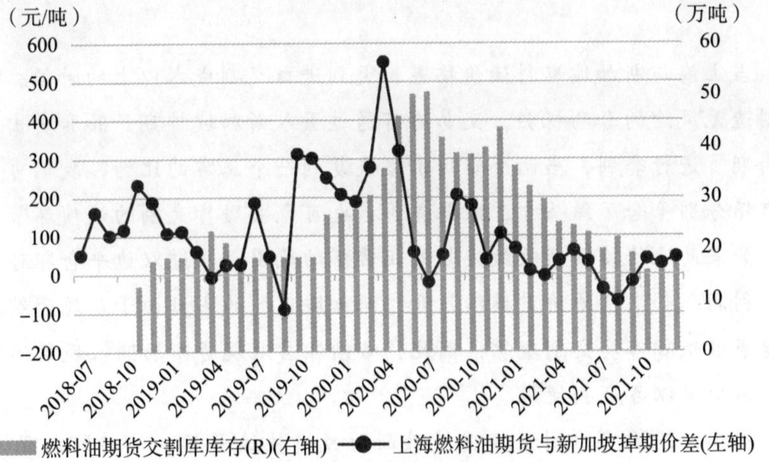

图 4－4　上海燃料油期货内外盘价差与交割库库存

资料来源：路透、同花顺、国投安信期货。

十、如何进行燃料油期货跨市套利?

(一) 正向套利机会

发生条件：上海燃料油期货价格远高于新加坡市场掉期价格。

如果国内价格偏高，贸易商将获得丰厚的贸易利润，进口量的上涨将很快抹平进口贸易中的超额利润，因此参与正向套利具有较强的可操作性和安全性。操作的临界点位可适当放松，而仓位可较重。由于具备现货贸易的基础，只要进口与交割渠道通畅，这种套利基本属于无风险套利。即使在合约到期的时候，套利利润仍未能兑现甚至产生浮动亏损，只要通过参与现货交割，即可赚取买卖的差价。

案例 4－4

当上海与新加坡燃料油价格差拉大到进口交割成本以上的时候，就为我们创造无风险的套利机会，交易者可通过买入新加坡掉期产品和卖出上海燃料油期货进行套利，当两个市场价格恢复到一个正常的比例，我们可以在两个市场分别平仓了结头寸，赚取差价，也可免去现货交割的烦琐环节。

如果两地价差重新收敛恢复到正常值的范围，通过双边平仓即可实现套利的利润。如果两地价差继续拉开，新加坡市场的买盘由于是现金结算，并不能通过纸货市场交割现货，因此，必须在当地现货市场购入现货运回国内注册为仓单以备交割使用。

例如，2020 年 3 月至 4 月境外新冠疫情快速蔓延，沙特阿拉伯与俄罗斯一度陷入短期价格战，随之而来的是原油价格的暴跌及全球油品库存的快速累积，国内由于率先走出疫情阴霾，油品需求恢复相对较快，上海燃料油较新加坡 380 燃料油价差快速走高（见图 4－5）。在当时原油市场库存压力大幅增加以及月差拉大，使囤油需求极端旺盛的背景下，全球原油库容均面临考验，仓储成本大幅提升。在仓储设施价值凸显的背景下，WTI 原油期货由于是交割买方，负责寻找库容，库容紧缺直接影响买方的接货意愿及能力，因此一度创下负油价的结算纪录。与此相反的是，国内原油期货的交割库制度本质是卖方负责将货物交割入库，参与交割的买方接到仓单的同时也将得到租用仓库的权利，因此买盘力量较为旺盛，交割制度也为当时内外盘价差的急剧走高提供了重要支撑。内外盘价差强势运行，一度达到 600 元/吨，远高于前期 200 元/吨的水平，对于能够打通交割渠道的贸易商来说，锁定交割利润并进行进口交割，可以实现较大盈利。

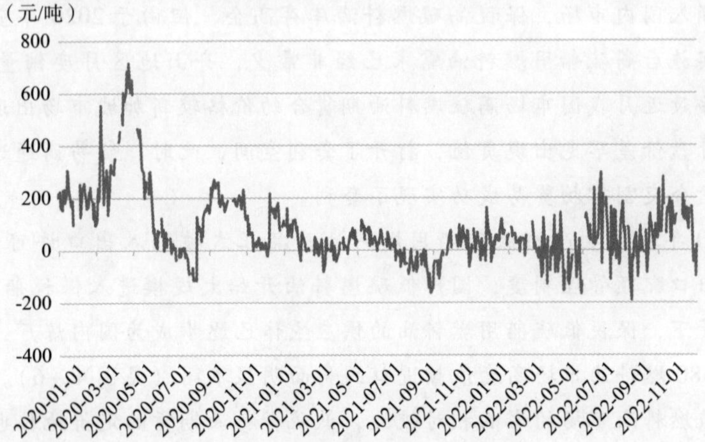

图 4-5 上海燃料油期货内外盘价差

资料来源：路透、同花顺、国投安信期货。

（二）反向套利机会

发生条件：上海燃料油价格远低于新加坡市场价格。

保税市场的高硫燃料油基本是进口货源，可自由流通，除了保税船加注外，也可报关进口或复运出口。当国内需求较差、库存较高时，上海燃料油期货价格可能与新加坡 380 燃料油掉期价格出现倒挂，当价差反向拉大至复出口利润打开时，贸易商可以通过买入上海燃料油期货、卖出新加坡 380 燃料油掉期进行套利。若价差回归，可平仓获利；若价差未回归，则可通过买入交割完成反向贸易。

案例 4－5

2020 年 8 月 9 日，“MAERSK TACOMA”轮成功靠泊中化兴中石油转运（舟山）有限公司 2#泊位，在舟山海关的监管下，顺利完成约 1.6 万吨保税 380 燃料油期货装船出库作业，并复运出口至新加坡。此举标志着我国保税 380 燃料油期货注销出库模式全部打通，同时标志着全国首单保税 380 燃料油期货复运出口业务成功落地。

从 2020 年 8 月燃料油期货内外盘价差的表现来看，由于上半年套利船货大量涌入国内市场，保税高硫燃料油库存高企。但由于 2020 年全球海运限硫令实施后高硫船用燃料油需求已经非常少，舟山地区月度销量不足 10 万吨，导致近月我国市场高硫燃料油期货合约价格较新加坡市场出现较大贴水，内外盘价差罕见出现负值，打开了套利空间，此时，贸易商通过锁定价差，再结合交割货物贸易成功实现了套利。

2020 年我国生产的低硫船用燃料油产品正式被纳入出口许可证管理，并实行出口配额管理制度，国产低硫燃料油开始大规模进入保税船用市场。在此背景下，保税低硫船用燃料油的供应主体已逐步成为国内炼厂，与原油及保税 380 燃料油市场高度依赖进口的局面明显不同（见图 4－6）。中国因素对低硫燃料油市场的影响相对较大，低硫燃料油期货的定价地位也更加值得期待。低硫燃料油期货在 2020 年年中上市以来的价格运行态势也由锚定进口成本转变为与外盘价格基本一致，趋同于现货市场。这一变化在内外盘价差上得以体现。低硫燃料油上市初期，内外盘价差高企，主要原因是市场对国产替代以及国内船加油市场价格优势缺乏信心。但随着国内以中石油、中石化为首的主营炼厂产量持续提升，同时在扩大国内船加油市场份额的过程中报价较有竞争力，国内以舟山地区为代表的低硫燃料油船加油价格大部分时间低于新加坡市场价格。低硫燃料油期货的内外盘价差逐步走低，反映了保税市场供应充裕对价格的压力。2021 年全年，低硫燃料油期货内外盘价差与国内产量走势具有高度负相关性，业内普遍认为低硫燃料油期货走势有效地反映了国内市场的基本面变化，并对新加坡市场形成一定影响。

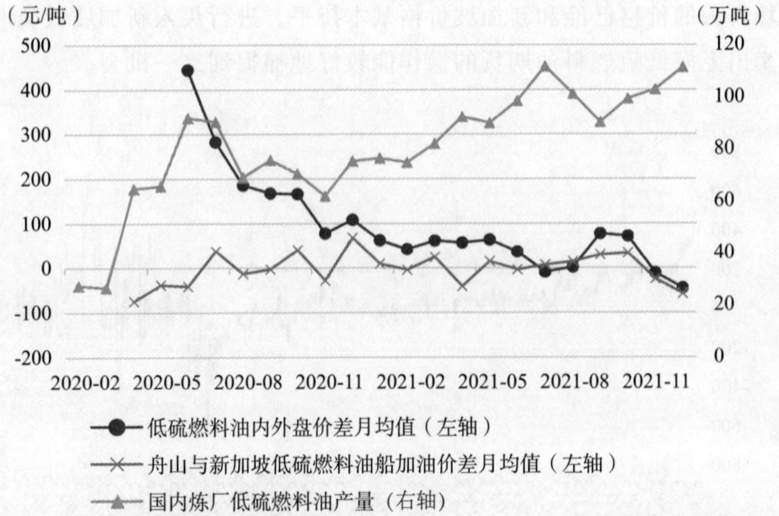

图 4－6　上海低硫燃料油期货内外盘价差与国内炼厂低硫燃料油产量

资料来源：路透、同花顺、金联创、国投安信期货。

十一、如何进行低硫燃料油期货跨市套利?

低硫燃料油国产货源只能供保税船加油而不可复运出口，因此，低硫燃料油期货反向套利风险较大。反向套利，主要是以基本面驱动为主，并不一定能实现贸易流的交割套利。在上海低硫燃料油期货较新加坡市场出现较大溢价时，与燃料油一样，交易者可布局正向套利的机会。对于进行低硫燃料油期货套利的交易者来说，正向套利的安全边际比反向套利的更好。

低硫燃料油内外盘价差在上市初期就出现了较好的正向套利机会，2020 年 6 月，低硫燃料油期货上市时，内外盘价差达 400 元/吨以上，打开了进口套利空间（见图 4－7）。但即使没有能力进行贸易和交割的产业实体，也可以根据基本面判断进行内外盘价差的套利交易，当时，价差高企的原因在于市场对国产资源的增量没有正确的认识，市场将已成熟运行的燃料油期货价格锚定新加坡市场价格，从而推导出进口成本，然后形成定价。当时的现货市场舟山的价格已经和新加坡价格基本持平，进行买入新加坡低硫燃料油掉期卖出上海低硫燃料油期货的操作能较好地捕捉到这一机会。

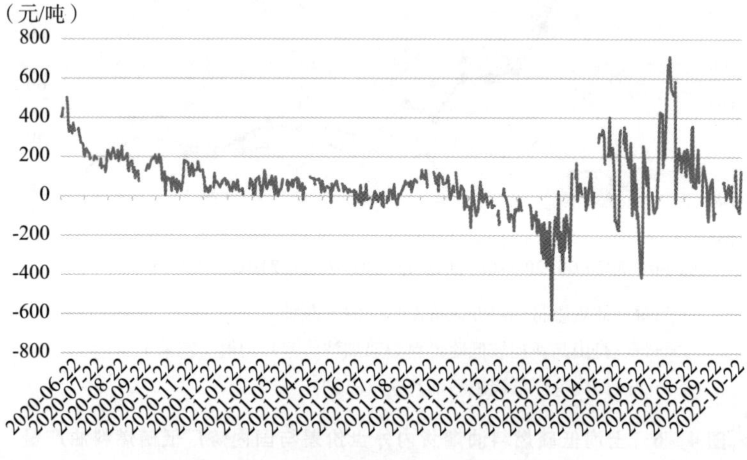

图 4－7　上海低硫燃料油期货内外盘价差

资料来源：路透、同花顺、国投安信期货。

十二、燃料油与低硫燃料油期货相关价差及影响因素如何？

价差分析是决定套利交易是否盈利的关键。上海燃料油及低硫燃料油期货与国内外原油、燃料油、低硫燃料油、柴油等产品结合可衍生出多种价差交易，各个价差的运行受产业逻辑影响较大。

上海燃料油期货与新加坡高硫燃料油、欧美高硫燃料油掉期产品的价差称为燃料油内外盘价差，主要受国内外供需基本面差异、船用油质量标准、仓单等因素影响，上海燃料油期货与原油期货的价差称为燃料油裂解价差，主要受高硫原油供应、炼厂利润及转产情况、船用及深加工燃烧需求情况等因素影响（见图 4－8）。

上海低硫燃料油期货与新加坡低硫燃料油、欧美低硫燃料油掉期产品的价差称为低硫燃料油内外盘价差，主要受国内外供需基本面差异、船用油质

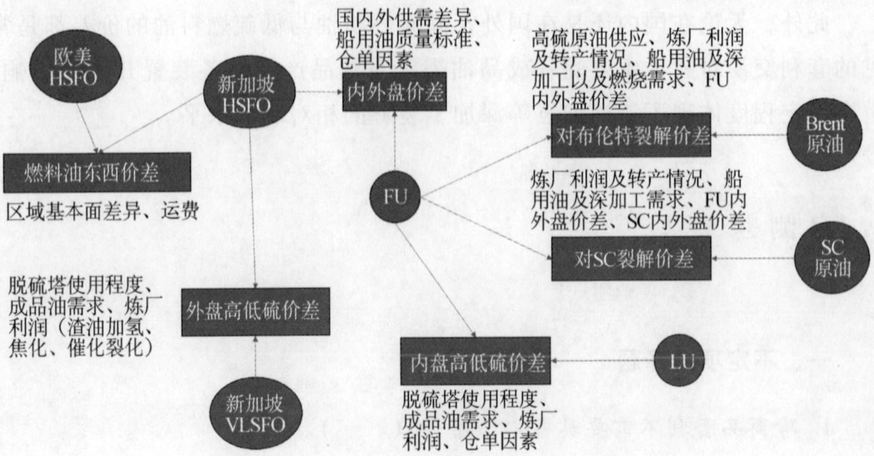

图4-8 高硫燃料油期货相关价差及影响因素

制图：国投安信期货。

量标准、仓单等因素影响，上海低硫燃料油期货与原油期货的价差称为低硫燃料油裂解价差，主要受炼厂利润及转产情况、船用油需求等因素影响。另外，海外低硫燃料油与柴油掉期产品的价差交易也比较常见，体现了两个品种的基本面差异，在一定程度上反映了炼厂的转产利润（见图4-9）。

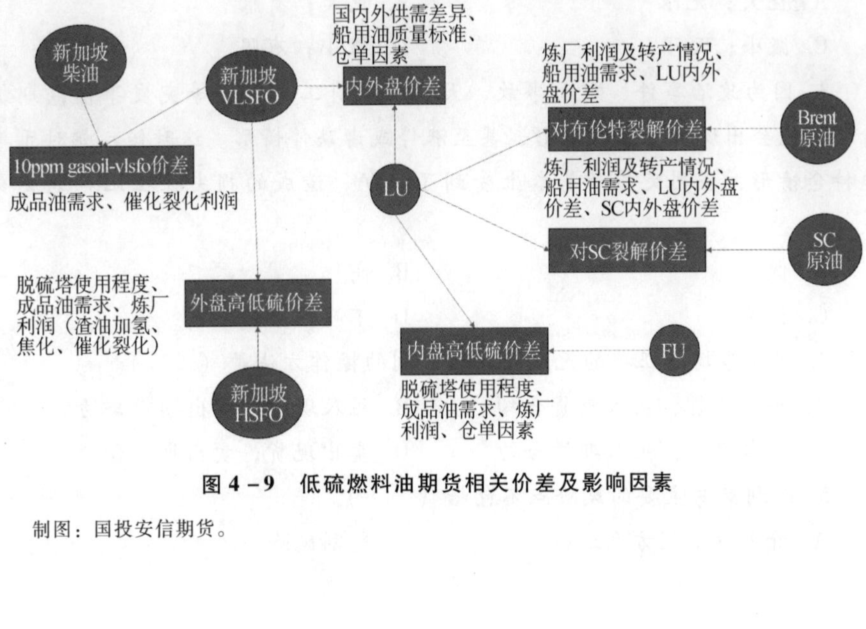

图4-9 低硫燃料油期货相关价差及影响因素

制图：国投安信期货。

此外，无论在国内还是在国外，高硫燃料油与低硫燃料油的价差都是常见的套利交易对象，主要受各成品油需求对油品产业链各装置开停的影响，也在一定程度体现了渣油加氢等深加工装置的相对利润水平。

自测题

一、不定项选择题

1. 跨商品套利不需要具备以下条件（　　）。

A. 两种商品之间应具有关联性与相互替代性

B. 交易受同一因素制约

C. 两种商品的价格都很高

D. 买进或卖出的期货合约通常应在相同的交割月份

2. 在熊市套利中，因为近期合约对远期合约的升水没有限制，而远期合约对近期合约的升水却受制于持仓费，所以这种牛市套利的获利潜力（　　），风险却（　　）。

A. 巨大；无限　　　　B. 巨大；有限

C. 微小；无限　　　　D. 微小；有限

3. 因为政治事件、重大事故、天气、政府工作报告等突发事件，期货价格可能会出现暴涨暴跌情形，甚至涨停或者跌停情形。这时候，相对于单边持仓情形，套利交易者基本上受到了保护，造成的损失往往比单边交易（　　）。

A. 低　　　　B. 高

C. 相等　　　　D. 不确定

4. 正向市场上正确的无风险期现套利的操作方法是（　　）。

A. 买入现货，买入期货合约　　　　B. 买入现货，卖出期货合约

C. 卖出现货，买入期货合约　　　　D. 卖出现货，卖出期货合约

5. 套利交易主要的风险点不包括（　　）。

A. 价差往不利方向运行　　　　B. 交割风险

C. 极端行情的风险　　D. 潜在收益受限制

6. 分别用1000元投资股票和燃料油期货（期货保证金比例为10%），当股票和燃料油都上涨10%时，股票和燃料油投资的盈利各是（　　）。

A. 100元和100元　　B. 1000元和100元

C. 100元和1000元　　D. 100元和10000元

7. 一般来说，以下（　　）情况发生时，更利于高硫燃料油裂解价差走高。

A. 炼厂一次开工率走低　　B. 原油价格上涨

C. 欧佩克增产石油　　D. 柴油裂解价差走高

8. 一般来说，以下（　　）情况发生时，更利于低硫燃料油裂解价差走高。

A. 柴油裂解价差走高　　B. 汽油裂解价差走高

C. 原油价格走高　　D. 高硫燃料油裂解价差走高

9. 所谓空头套利（熊市套利），就是（　　）近期交割月份合约的同时，（　　）远期交割月份合约的套利操作方式。

A. 买进；买进　　B. 卖出；买进

C. 买进；卖出　　B. 卖出；卖出

10. 基于（　　）的特点，基金是进行套利交易、获得套利利润的一个上佳途径。

A. 收益稳定、投入资金较少　　B. 收益不确定、投入资金较少

C. 收益不确定、投入资金较多　　D. 收益稳定、投入资金较多

11. 套利交易的系统性因素有（　　）。

A. 汇率风险　　B. 税率风险

C. 外汇管制风险　　D. 资金管理风险

12. 套利交易是唯一具有（　　）的期货交易方式。

A. 更低的波动率　　B. 有限的风险

C. 对涨跌停保护　　D. 更有吸引力的风险收益比率

13. 在同样的环境下，套利交易者基本上都会受到保护。以跨期套利为例，由于套利交易者在同一种商品上既做多又做空，在涨跌停日，他的账户通常不会发生大幅亏损。虽然在涨跌停打开后，价差可能不朝交易者预测的

方向走，但由此所造成的损失往往比单边交易小得多，这说的是套利交易的（　　）优点。

A. 更低的波动率　　B. 有限的风险

C. 对涨跌停保护　　D. 更有吸引力的风险收益比率

14. 虽然每次套利交易的收益不是很高，但成功率高，这是由价差的有限风险以及更低的波动率特性决定的。长期而言，做单边交易盈利的只占少数，往往不超过三成。而套利不一样，它有收益稳定、低风险的特点，所以它具有（　　）。

A. 更低的波动率　　B. 有限的风险

C. 对涨跌停保护　　D. 更有吸引力的风险收益比率

15. 影响低硫燃料油内外盘价差的因素中最不重要的是（　　）。

A. 期货库存数量　　B. 油轮运费

C. 国内炼厂低硫燃料油产量　　D. 原油价格

二、判断题

1. 原油与成品油之间不可以进行跨商品形式的套利。（　　）

2. 在实行跨期套利交易策略时，由于套利交易者在同一种商品上既做多又做空，在涨跌停日，他的账户往往会发生大幅度的亏损。（　　）

3. 跨市套利需要投资者在两个市场缴纳保证金和佣金，保证金占用成本和佣金费用要计入投资者的成本之中。只有两市间的套利价差大于上述成本时，投资者才可以进行跨市套利。（　　）

4. 套利交易是充分利用偶发性的因素及波动的周期性从而把握机遇谋利，但系统性因素存在的风险可能会使套利交易陷于亏损甚至失败，对这些，交易者要谨慎防范。（　　）

5. 低硫燃料油期货仓单都可用于出口，以实现反向套利。（　　）

三、填空题

1. 套利一般可分为三类：________、________和________。

2. 买入（或卖出）________合约，同时卖出（或买入）________合约，并买入（或卖出）________合约，其中，居中月份合约的数量等于近期月份合约和远期月份合约数量之和的这种套利方法称为蝶式套利。

3. 多运用__________以保证既定套利目标的实现，而__________入市则可能使交易者的套利交易偏离理想的价差水平。

4. 套利的主要作用：一是帮助扭曲的市场价格回复到__________；二是增强__________。

5. 在不同国家的市场进行的套利，还要承担__________风险。

参考答案

一、不定项选择题

1. C　2. B　3. A　4. B　5. D　6. C　7. A　8. A　9. C　10. D　11. ABCD　12. B　13. C　14. D　15. D

二、判断题

1. ×　2. ×　3. √　4. √　5. ×

三、填空题

1. 跨期套利；跨市套利；跨商品套利
2. 近期月份；居中月份；远期月份
3. 限价单；市价单
4. 正常水平；市场的流动性
5. 汇率波动

第五章

一般交易者如何进行燃料油与低硫燃料油期货操作

本章要点

2018年7月16日，上海期货交易所挂牌交易保税380燃料油期货合约，交易采用“净价交易、保税交割、人民币计价”的交易模式。修订合约之后，2018年保税380燃料油期货合约的成交量在全球能源类期货品种中排在第十五位，2019年排在第四位。这显示了市场对投资燃料油期货的信心。2020年6月22日，低硫燃料油期货在上海期货交易所子公司上海国际能源交易中心正式挂牌交易，为低硫燃料油主导的船用消费市场提供了更加多元化的投资和保值工具。若想弄清楚燃料油和低硫燃料油期货市场的参与程度，必须从国内市场近几年的发展变化入手，了解燃料油期货的一般投资者以及他们的风险偏好。从一系列成功或失败的案例中总结出的期货投资的经验和教训可为一般交易者提供一定的指导。燃料油与低硫燃料油期货操作具有很强的实务性，洞悉其中的投资机会还需要交易者具有敏锐的头脑和良好的判断能力。

一、一般交易者以及风险偏好有哪些？

（一）燃料油与低硫燃料油期货的一般交易者

对于期货市场而言，市场参与主体无非来自以下三方面。现货商的主要目的是套期保值，市场发展初期风险比较大，现货商必须谨慎小心地试着操作，这可能是他们最好的选择；机构投资者会进行长期价值投资，需要有计划地建立投机头寸和运用套利手段，等待市场出现机会；中小交易者以投机为目的，需要一直关注市场的波动，他们是市场初期的最活跃的因素，也是市场发展的催化剂。

对于任何一个期货市场来说，只要机会多，中小交易者都会积极参与，且一般表现较为活跃，燃料油与低硫燃料油期货市场也不例外，但低硫燃料油期货属于国际化品种，设置了一定的准入门槛，中小交易者对其的参与程度可能低于燃料油期货。

由于燃料油期货准入门槛较低，波动趋势性较强，合约价值较小，很多新入市的投资者会把燃料油期货作为练手和积累经验的期货品种之一。燃料油期货上市初期，交易者的心态和行为会比较复杂，且交易者对于这一现实生活中可能并不算常见的能源类品种的认知度相对较低，所以导致燃料油期货的价格波动较为频繁。随着市场以及交易者成熟度的不断提高，大家逐渐发现燃料油期货作为中期投资品种，其实是非常好的选择，因为交易者一旦抓住影响燃料油期货价格变化的两条主线：原油和全球炼厂利润，他们就基本能够把握住燃料油价格波动的中期趋势。

然而，对于现货商和机构投资者来说，参与期货市场遇到的问题可能会比较多。不过，由于燃料油与低硫燃料油期货市场的功能发挥日益完善，生产商、贸易商、船加油商和船运企业也开始积极参与，不仅提高了燃料油与低硫燃料油期货的交投热情，更使期货价格在多方博弈中得到市场各方的认可，逐渐准确真实地反映市场的需求。低硫燃料油期货在国际化进程上的诸多突破使参与者扩展到境外，也使市场参与结构更为丰富。

（二）现货企业是否会选择燃料油与低硫燃料油期货进行交易

燃料油与低硫燃料油价格的大幅波动，使相关企业面临较大的经营风险，这也充分体现了期货市场存在的必要性。过去由于缺乏化解风险的有效手段，相关企业只能在现货市场进行单一的买入和卖出，几乎没有任何抵抗价格风险的工具和能力。部分进口企业可以通过其他的渠道规避风险，包括在境外市场做相关的保值，但是也要承受境外市场的价格波动和跨市场交易的风险，如汇率风险和外汇合同风险等，结果在国际市场竞争中处于不利的地位。发展期货市场的最终目的还是要服务于实体经济，目前，越来越多的现货企业已从燃料油与低硫燃料油期货中得到了实惠。

虽然燃料油及低硫燃料油期货法人持仓占比并未公布，但仍有多种迹象表明，产业结构参与期货交易的积极性较高。2021 年，燃料油及低硫燃料油期货实物交割量分别占全国高硫及低硫保税船加注量的 20% 及 1.7%，据悉产业结构中贸易商仍是主要的参与方。保税船用燃料油行业实行特许经营，大部分用油船加油牌照的企业均关注或间接参与燃料油及低硫燃料油期货市场，并已开展多次期货仓单直供业务。随着国内炼厂在亚洲低硫燃料油现货市场的影响力的大幅提升，保税船加油市场将更能反映国内供需的价格基准。长期以来，亚洲低硫燃料油船加油价格主要以新加坡柴油掉期价格为基准，中国市场升贴水波动较大，导致产业保值难度较高。2021 年 6 月 21 日，上海期货交易所和浙江国际油气交易中心联合研发编制的“中国舟山低硫燃料油保税船供报价”发布，该报价以“低硫燃料油期货每日结算价 + 升贴水”的形式发布，并由舟山当地主要船供企业报价后经计算形成舟山价格，开启了保税低硫燃料油加注领域使用人民币计价的先河。据悉，2021 年已有现货企业以该报价形式成功进行了保税低硫燃料油交易，随着燃料油与低硫燃料油期货在地区价格基准影响力的逐步提升，燃料油与低硫燃料油期货市场将有望吸引更多现货企业参与。

二、什么是风险偏好？

对风险的认识和衡量一直是投资领域的一个非常重要的内容。风险偏好指的是投资者对风险的态度，不等同于风险承受能力。按照投资者的风险偏好，可将交易者简单划分为风险厌恶者和风险偏好者。

（一）风险偏好者与风险厌恶者

我们举个简单的例子来说明：假设一个人一年能得到10个苹果，得到概率为1，但是如果他放弃前一种概率为1的能够得到10个苹果的方法，将会出现第二种方法供他选择。第二种得到苹果的方法是一年能得到100个，不过概率为1/10。这时你会选择哪一种方法呢。如果你选择了第一种方法，那么你是一个厌恶风险者，但是如果你选择了第二种方法，那么你是一个风险偏好者。

风险厌恶者，要求回报要高于其面对的风险。风险厌恶是一个人在承受风险情况下其偏好的特征，可以用它来测量人们为降低所面临的风险而进行支付的意愿。在降低风险的成本与收益的权衡过程中，厌恶风险者在相同的成本下更倾向于作出低风险的选择。例如，通常情况下，你情愿在一项投资上接受一个较低的预期回报率，因为这一回报率具有更高的可预测性，说明你就是风险厌恶者。当对具有相同的预期回报率的投资项目进行选择时，风险厌恶者一般选择风险最低的项目。

（二）燃料油与低硫燃料油期货投机对风险偏好者的价值

期货的投机，是指以交易本身即价格的涨跌为主要考虑点，交易者追逐的是量变而不是质变，甚至不关心质变是否发生或有没有发生过。投机需要交易者对价格波动作出快速反应，比如涨了该如何操作，跌了该如何操作，高开低走或低开高走该如何操作等。

对风险偏好的投资者来说，他们可利用燃料油与低硫燃料油的投机机会、期货市场10倍左右的资金杠杆、T+0交易制度、浮动盈利可以加仓的规则等充分放大对资金的使用效率，在承担风险的同时，博取股票市场数倍甚至数十倍、上百倍的利润。正是由于投机者的参与，市场交易才更加活跃，价格连续性才更强，套期保值者才能更加方便地进入和退出市场，市场中的风险偏好者才能获得更多的投资机会。

（三）燃料油与低硫燃料油期货市场参与者的风险类型分类

弄清楚如何区分风险偏好者和风险厌恶者，以及投机与风险偏好的关系之后，我们就能顺理成章地对目前燃料油期货市场的参与者进行简单的风险偏好分类了。

1. 风险偏好者

（1）中小投资者基本上都属于风险偏好者这一类型。期货市场的杠杆效应注定了在期货市场上搏杀的个人投资者要承担相应的风险，其应灵活利用止损的理念，尽可能地控制自己的风险，以便追求较高的回报。

（2）部分机构投资者也属于风险偏好者这一类型。对于这部分机构来说，合理的资产配置是关键。在对市场有着较为自信的判断之后，这部分投资者会完全以单边的方式追求短期或者中期利益的最大化。

（3）部分现货商也属于风险偏好者这一类型。现货商有做空的资本：现货燃料油或低硫燃料油。因此，当他们判断市场将出现单边行情时，他们更加容易也更加愿意去选择利用自己的优势去使自己的利益最大化。

2. 风险厌恶者

（1）大部分套保的现货商都属于风险厌恶者这个范畴。在现货与期货价格愈发紧密的今天，价格的波动对这部分现货商来说，直接关系着企业的生存状况。因此，他们更加愿意放弃那部分高额的回报，当然，也隔离了燃料油与低硫燃料油价格变化这个最大的不确定因素。越是成熟的现货企业，越会选择套保来稳定企业的经营状况。

（2）部分机构投资者也属于风险厌恶者。他们合理地利用自己的知识，如对冲理论，发掘各种套利的机会，甚至某些时候存在的无风险套利机会。从短期投资回报来说，这部分机构投资者的比例可能并不高，但如果从所承担的风险来看，他们所承担的风险相对很小。

延伸阅读

风险厌恶者和风险偏好者的相对性

虽然从理论上说，依照投资者的风险偏好，可以把投资者简单分为风险厌恶者和风险偏好者。其实可以更加简单地说：以投机为主的大多是风险偏好者，以套保和套利为主的大多是风险厌恶者。但是，从实际情况来说，在燃料油期货市场，这种分类有一定的相对性。

很多时候，依据期货和现货市场的具体状况，以及整体商品市场乃至全球经济状况，中小投资者、机构投资者和现货商都有可能同时兼备这两种风险特性。对于现货商来说，保值的目的是使企业经营更加平稳化，但是，如果企业的现金流充裕，需要快速发展时，它就可能会选择风险程度偏高的投机行为。虽然企业承担的风险会有所扩大，但是从经营战略出发，企业能够有能力去承担这些风险，适当的风险偏好转化能够使企业抓住一些额外的机会，加快自己的发展。同样，对于机构投资者来说，根据自己的现金状况、经营能力，甚至是股东决议，他们可以采取投资与投机结合的方式。对于资产配置良好的机构，选择风险偏高的投机活动可以适当地增加流动性，增加本身的发展机会。最后，对于中小投资者来说，他们也不一定是完全的风险偏好投机者。如果这部分投资者有能力并且能贯彻使用套利的方式在市场上投资，那么也可以成为低风险偏好的风险厌恶者。

三、如何成功进行燃料油与低硫燃料油期货投机交易？

在燃料油与低硫燃料油期货市场，投机者与保值者共同推动了市场的发展。市场上风起云涌，也为投机者和保值者创造了很好的机会。下面我们来分析几个燃料油投机的成功案例。

案例 5－1

某低硫燃料油贸易企业进行期现套利，由于当时现货价格大于期货，该企业在期货市场上买入10000吨低硫燃料油期货合约。临近交割期，该企业账户保证金达到40%。该企业通过买入式质押融资模式，由银行提供剩余60%的资金进行买入交割，并且该企业进行套利操作，将在下个月进行卖出交割。20天后，该企业认为目前价格合适，为防止远期卖出合约的价格进一步上扬，该企业通过非标期转现操作进行提前平仓。在买方付款后的当天，该企业将所贷款项归还银行，通过与银行解除质押操作将仓单过户至买方名下。

通过合理的期现结合，企业更好地掌控了自己的现金流，利用期现套利特点，在合适的行情下，迅速与买方或者卖方达成一致，节省了部分仓储费用和交割费用，还迅速回笼了资金，得到了货物，双方目的均达成。

案例 5－2

在2019年下半年，国际油价呈现震荡走势，但高硫燃料油市场悄然发生变化。由于临近IMO全球海运限硫令正式实施，船东开始陆续进行洗舱更换低硫燃料油，以便提前适应该燃料油。贸易商也以采购低硫燃料油进行囤货为主，高硫燃料油需求大幅下降。2019年11月开始，新加坡及上海高硫燃料油裂解价差加速下滑，FU2001合约由11月初的2200元/吨跌至11月中旬的1700元/吨。在此期间，依据现货及基本面情况，交易者采用的燃料油期货或高硫燃料油裂解价差空配策略获得了良好收益。

案例 5－3

作为个人投资者的A某对市场一直持观望状态，2020年新冠疫情引发的油价大跌使A某在任何机会的选择上都显得小心翼翼。2020年4月初，

"欧佩克+"宣布天量减产，使油品类期货价格得到支撑，A某从中发现了这个机会，但是出于对市场高波动的担忧，A某仍然保持观望。等到空头大量离场之时，A某果断地选择了在1500元/吨附近做多10手燃料油期货。等到1700元/吨之时，A某认为海外成品油需求仍有较高不确定性，因此在1700元/吨附近果断获利了结。A某一共使用保证金2万元左右，结果，操作收益$=200\times10\times10=20000$元，投资回报率超过100%（见图5-1）。

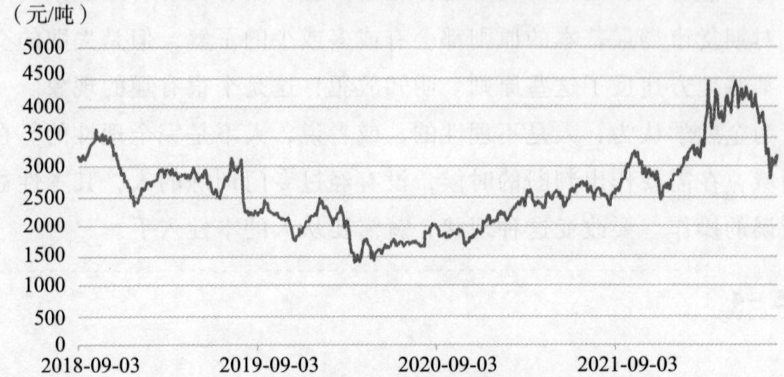

图5-1　上海燃料油期货价格走势

资料来源：同花顺。

仔细分析此案例，我们不难发现，A某采取的是非常明智和合适的操作策略。首先，在市场前景充满不确定性因素的时候，A某没有盲目入场，而是选择观望，这是很有勇气的一步。然后，A某能从空头大幅减仓中看到燃料油短期内的大涨机会，说明他对整个期货手法的把握以及市场的了解达到了一定程度。在燃料油价格涨到1700元/吨附近时，A某没有继续做多，而是选择获利了结。事实证明，A某是一个较为成熟和理性的投资者。拥有合理的投机理念，在达到预期目标的时候能够果断止盈。

作为一个理性成熟的中小投资者，在期货投机活动中，其必须要全面懂得市场的运作方式，懂得制定合理的操作策略，懂得克制自己的欲望，也必须要懂得在判断出现差错的时候勇敢地止损出局。综合来看，A某给我们上了很好的一课。

四、燃料油与低硫燃料油期货投机交易失败是怎样发生的?

知行不能合一，是很多交易者存在的问题。所有交易者接触期货一段时间后，对期货市场最基本的原则都会有或多或少的了解，但是失败的交易者都是在某些地方违反了这些原则。明知故犯！这是个很有趣的现象。

行为金融学认为，人是不理性的，或者说，人不是完全理性的。在金融投资领域，在需要作出判断的时候，没有经过专门训练的人，其本性往往会导致错误的操作。要改变这种现状，就需要从人的本性入手。

案例 5-4

某投资者A，从事现货贸易数十年，具有极其丰富的现货贸易经验，在听说期货这一交易工具后很感兴趣，马上开户并投资20万元。头三天，他没有急于做交易，而是坐在电脑前熟悉行情。每天，他给出一个合约当日最高价、最低价、收盘价的预测。令人惊奇的是，他每天的预测都十分准确，几乎没有误差。这时，他信心满满，认为做期货很简单。于是，第四天A正式开始交易，满仓买入某一合约。但遗憾的是，这一天该合约价格并没有按照他的预期上涨，而是略有下跌。A持仓过夜。第五天，该合约又跌了一些，浮动亏损大约4万元，A还是没动。随后几天，该合约一路阴跌不止。经纪公司不断发出追缴保证金通知，但A仍然不愿追加资金，于是其所持头寸被逐步强平。最后，其账户上只剩下2万余元，于是A将所剩无几的头寸平仓离场，就此他离开了期货市场，表示以后再也不碰期货了。

A的期货投资生涯只做了一笔交易就结束了。这个案例很极端，也很有代表性。对于刚接触期货的交易者而言，尤其是证券市场也从未涉足过的交易者，尽管他在他原先从事的领域很成功，也并不代表他在期货市场上就能成功。尝试任何一项新事物，都必须放低自己的身价，以一种谦虚谨慎的态度来认真对待，如果妄自尊大，自以为很了不起，认为在期货市场做交易是“小菜一碟”，那么他就很容易被市场吞没。如果做错方向了，交易者就要及时认错，不要有“我肯定是对的，市场是错的”这种想法。

案例 5－5

某投资者B是江浙一带的民营企业家。在某期货投资顾问的介绍下，于2017年1月份进入期货市场，投资100万元。投资顾问推荐他买入正处于良好上升势头的橡胶。交易初期，他有所获利，但随后橡胶价格开始下跌。投资顾问坚定看好橡胶市场，建议B继续加仓买入。满仓之后价格仍在下跌，投资顾问建议B追加资金，越跌越买，B照做了。到了2017年5月份，B累计投入的资金已经超过1000万元，但账面上剩余的资金只有不到400万元了。好在橡胶价格止住了跌势，开始回升。到了2017年9月份，账面资金已经到了1200余万元。

平仓出场后获利200余万元，B后期不断尝到了“逢低加死码”的甜头，认为在有充足资金准备的条件下，这是个不错的操作方法。2022年2月，B认为燃料油上方空间有限，认为这是个不错的投资机会，于是开始越涨越卖。不料，俄乌冲突爆发，油品类期货价格连续暴涨，燃料油单日涨幅一度达13%，结果，B只能在即将穿仓的危险状态下及时平仓，但所投入的2000万元资金仅剩余4万元，B只能黯然离开了期货市场。

从B的持仓时间看，他是一个长线交易者。作为长线交易者，资金管理和风险控制尤为重要。如果在这方面出现问题，损失将是巨大的。在做交易前，交易者就要对准备投入的资金规模和愿意承受的亏损有一个计划。对可能发生的最坏情况作出预计，看是否能够承受。一旦判断失误，要有止损措施。而不是走一步看一步，在错误的判断下越陷越深。“本来只想损失一根牛毛，结果整头牛都被牵走了。”虽然B在橡胶上的操作是获利的，但是这仍属于错误的操作思想。一次侥幸不代表次次运气都好，这种越跌越买的思维，只要错一次，就可能血本无归。B从期货市场离开有一定的偶然性，但从长期看，他迟早会有这么一天。常在河边走，哪有不湿鞋。“错了死扛，再加死码摊低成本”，这种交易指导思想短时内从表面上看似乎效果很好，但是长期看，必败。

另外，我国每年春节、国庆都会有一周的长假。在此期间，国际期货市场如果发生较大的变化，国内期市开盘后必然是连续停板。这会给交易者带来巨大的风险。所以，长假前夕，交易者不要重仓过节。最好是空仓，或者轻仓。

案例 5－6

某投资者C是个人交易者。进入期货市场已经两三年了，看了很多期货书籍，对各种理论和分析方法都很熟悉。约翰·墨菲的《期货市场技术分析》、史蒂夫·克罗的《克罗谈期货投资策略》等已烂熟于心。道氏理论、甘氏理论、波浪理论等也说得头头是道。“让盈利奔跑，截断亏损”“趋势是你的朋友”“计划你的交易，交易你的计划”等期市格言倒背如流。但是，他的交易结果却很糟糕。问题出在哪里呢？

C虽然知道入市前需要制订一个完整的操作计划，但是实际上C却并没有制订计划，或者即使有也没有严格执行。到了该止损的时候，他经常盼望价格能够朝对他有利的方向回转，希望亏损能够减少，不愿意面对砍仓带来的损失。用他的话来说，就是“下不了手”。而当他实在受不了了，终于砍仓的时候，往往砍在最低或最高点。另外，当市场方向不明确，并没有给出入市信号的时候，他往往频繁交易，用他的话来说，就是“手痒”。

在投机交易中，交易者应该不断重复正确的操作，强化正确的记忆，争取少犯同样的错误，比如，做交易日记，从自身的成功和失败例子中学习，尽量不在同一个地方被绊倒。一笔交易成功与否，并不是看交易结果是盈利还是亏损，而是看是否严格按照计划进行。如果是按计划做的，即使亏损也是正确的交易。如果没按计划做，即使盈利也是错误的交易。

自测题

一、不定项选择题

1. 假设一个人一年能得到10个苹果，得到概率为1。但是如果他放弃前一种概率为1的能够得到十个苹果的方法，将会出现第二种方法供他选择。第二种得到苹果的方法是一年能得到100个，不过概率等于1/10。如果A选择第一种方法，那么A的风险偏好类型属于（　　）。

A. 风险偏好者　　B. 风险保守者

C. 风险厌恶者　　D. 风险投机者

2. 消费企业中，更适合上海低硫燃料油期货套期保值的是（　　）类企业。

A. 船运　　B. 陶瓷厂

C. 电厂　　D. 玻璃厂

3. 据对近几年价格走势的研究，ICE布伦特原油期货和上海燃料油期货之间的相关度高达（　　）以上。

A. 30%　　B. 50%

C. 75%　　D. 90%

4. 相对来说，上海低硫燃料油期货价格和（　　）期货价格的走势并没有非常强的相关性。

A. 新加坡柴油掉期　　B. 棕榈油

C. 美国WTI原油期货　　D. 豆粕

5. 对金融衍生产品这种高风险的活动进行控制，企业必须建立一套良好的（　　）。

A. 内部管理制度　　B. 风险管理制度

C. 企业管理制度　　D. 人员管理制度

6. A选择了在2200元/吨附近做多100手燃料油期货。等到价格为2500元/吨之时，A认为空头离场带来的做多动能已经有所下降，因此在2500元/吨附近果断地获利了结。A投资者一共使用保证金20万元左右。本案例中，他一共获利（　　）元（假设一点10元）。

A. 20万　　B. 30万

C. 10万　　D. 40万

7. 通过合理的期现结合，企业可以更好地（　　）。

A. 掌控自己的现金流　　B. 节省部分仓储费用和交割费用

C. 迅速与买方或者卖方达成一致　　D. 迅速回笼资金或者得到货物

8. 根据CFTC持仓报告，下面（　　）对油价波动具有决定性的影响。

A. 管理基金　　B. 原油贸易商

C. 原油生产商　　D. 炼厂

9. 从石化产业链格局来看，与燃料油、低硫燃料油一样同属石油下游产品的有（　　）。

A. 汽油　　B. 柴油

C. 石脑油　　D. 煤油

10. 过去中国没有燃料油期货市场，也没有中国制定的交割标准，中国企业只能以（　　）作为进口结算参考。

A. 普氏（Platts）报价　　B. Nymex原油报价

C. 协商报价　　D. 石油报价

11. 下列（　　）思路是典型的错误操作思想。

A. “我肯定是对的，市场是错的”　B. “错了死扛，再加死码摊低成本”

C. 不设置止损　　D. 执行不严格

12. 对于很多个人投资者来说，他会将燃料油期货作为布伦特原油期货的替代品进行投资，以下（　　）会影响实际投资效果的差异。

A. 高硫燃料油裂解价差　　B. 油轮运费

C. 汇率　　D. 脱硫塔使用量

13. 燃料油期货市场上的风险偏好者有（　　）。

A. 中小投资者　　B. 部分机构投资者

C. 所有现货商　　D. 部分现货商

14. 低硫燃料油期货参与者最不可能包括（　　）。

A. 银行　　B. 船东

C. 保税船加油商　　D. 贸易商

15. 计算保税燃料油进口成本时不用考虑（　　）。

A. 关税　　B. 汇率

C. 进口代理费　　D. 商检费

二、判断题

1. 低硫燃料油期货是国内入市门槛最低的期货品种。　（　　）

2. 燃料油期货市场上的风险偏好者不包括现货商。（　　）

3. 低硫燃料油期货参与者存在国际市场投机者。（　　）

4. 一笔交易成功与否，并不是看交易结果是盈利还是亏损，而是看是否严格按照计划进行。（　　）

5. 随着燃料油期货的不断成熟，单个大型企业对市场的影响力已经大大减小，避免了市场操纵行为的发生，市场价格的认可度得到了进一步的提升。（　　）

三、填空题

1. 在今天，市场消费主力已经由普通烧油企业转变为燃油船只，__________占的份额越来越多，地位也变得越来越重要。

2. __________通常愿意在一项投资上接受一个较低的预期回报率，因为这一回报率具有更高的可测性。

3. 在金融投资领域，在需要作出判断的时候，没有经过专门训练的人，其本性往往会导致错误的操作，这便是__________的基本观点：人不是完全理性的。

4. 国内部分石油企业和石油产品用户可以在上海国际能源交易中心开展汽油、__________、__________、燃料油等精炼油的远期合约交易。

5. 对风险偏好投资者来说，期货市场资金杠杆、__________交易制度、浮动盈利可以__________的规则等都能使他们充分放大资金的使用效率。

参考答案

一、不定项选择题

1. C　2. A　3. D　4. D　5. B　6. B　7. ABCD　8. A
9. ABCD　10. A　11. ABCD　12. ABCD　13. ABD　14. A
15. A

二、判断题

1. ×　　2. ×　　3. √　　4. √　　5. √

三、填空题

1. 船舶燃料油
2. 风险厌恶者
3. 行为金融学
4. 柴油；煤油
5. T+0；加仓

第六章

燃料油与低硫燃料油期货同石化品种的相关性分析

本章要点

在期货市场中，燃料油与低硫燃料油期货的价格变动往往还受到相关石化期货品种的影响，交易者对它们之间的关系进行相关性分析十分重要。相关性是指事物之间的相互关系，一般用相关系数来表示，体现客观事物间的相互关系、相互联系的性质、表现形式以及联系的密切程度等。相关程度有正相关、负相关和零相关之分。相关性分析和对分析成果的运用，可以帮助投资者降低投资风险，对于燃料油与低硫燃料油期货投资有重要意义。

一、相关性分析及其对实务操作的意义是什么?

(一) 相关性概述

社会经济现象之间存在大量的相互联系、相互依赖、相互制约的数量关系。这种关系可分为两种类型。一类是函数关系，它反映现象之间严格的依存关系，也称确定性的依存关系。在这种关系中，对于变量的每一个数值，都有一个或几个确定的值与之对应。另一类为相关关系，在这种关系中，变量之间存在不确定、不严格的依存关系，对于变量的某个数值，可以有另一变量的若干个数值与之相对应，这若干个数值围绕着它们的平均数呈现出有规律的波动。例如，批量生产的某产品产量与相对应的单位产品成本、某些商品价格的升降与消费者需求的变化，就存在这样的相关关系。

相关关系不能用一个确定的函数公式来描述，关系有强有弱、程度各有差异，这种关系就被称为相关性。相关性是指事物之间的相互关系，一般用相关系数来表示，主要通过大量的观测，取得足够的实际观察资料，运用数理统计方法，研究客观事物间的相互关系、相互关系的性质和表现形式以及联系的密切程度等。

(二) 相关系数的得出

举例来讲，若要计算变量 x 与 y 之间的相关系数，则可用 x、y 的协方差与 x 的标准差和 y 的标准差的乘积相比得到，具体计算公式为：

$$\rho(x,y)=\frac{\operatorname{cov}(x,y)}{\sqrt{D(x)}\ \sqrt{D(y)}}$$

(三) 对相关系数的理解

相关系数是用来计算变量之间相关程度的指标，两个随机变量 x、y 的

相关系数永远介于 -1 到 1 之间，相关系数 r 的绝对值越高，说明变量之间联系越紧密；反之，相关系数 r 的绝对值越小，则说明变量之间联系越不紧密。由此，可以得出以下结论：

若相关系数 =1，则 x 及 y 的变动是完全正相关的，也就是，当 x 上升（或下降）1% 时，y 也做同方向相同幅度 1% 的上升（或下降）。

若相关系数 = -1，则 x 及 y 的变动是完全负相关的，也就是，当 x 上升（或下降）1% 时，y 做相反方向下降（或上升）1%。

若相关系数 =0，则 x 及 y 的变动是不相关的，x 进行自己的变动，根本与 y 的变化不会有任何联动的关系。

若相关系数介于 -1 到 0，则 x 与 y 的变动会呈现相反方向的变动（负相关），但不会有一对一的相反变动。当然，相关系数越接近于 -1，两者的变动越接近一对一的（完全）相反变动，即越接近相关系数 = -1 的变动情况。

若相关系数介于 0 到 1，则 x 与 y 的变动呈现相同方向的变动，但不会有一对一的正向变动。当相关系数越接近于 1，两者的变动越接近于一对一的（完全）正向变动，即越接近相关系数 =1 的变动情况。

若相关系数越接近于 0，x 与 y 的变动关系就越不相关。比如，当相关系数 =0.1 或 -0.1，则 x 与 y 的变动几乎互不相关。若比较情况一（相关系数 =0.1）及情况二（相关系数 =0.25），则在情况一（相关系数 =0.1）之下，x 及 y 的互动关系比在情况二（相关系数 =0.25）下的互动关系更接近于不相关。

（四）负相关

依照两种变量变动的方向，相关性有正相关、负相关和无相关（零相关）。正相关：一种变量增加或减少，另一种变量也在增加或减少，两种变量变动的方向相同，称为正相关。负相关：一种变量增加或减少，另一种变量却在减少或增加，两种变量变动的方向相反，称为负相关。从定量角度来看，当相关系数 $r<0$ 时，说明变量之间为负相关。若两个变量的相关系数小于 0，说明两个变量的变化方向相反，此时，一个变量的增大会引起另一个变量的减小。

（五）相关性分析概述

相关性分析就是对自然界和社会中的两种或多种事物（或数据）是否相关、测度事物（或数据）间统计关系强弱（或变量之间线性相关程度强弱）、反映事物（或数据）之间的趋同关系的一种十分常用的手段和工具。

在数据分析的过程中，我们常常需要分析两个或两个以上现象之间的因果关系，相关性分析不需要区分自变量和因变量，两个或者多个变量之间是平等的关系。通过相关性分析，我们可以了解变量之间的密切程度。

（六）相关性分析的方式和工具

通过计算相关系数的方法可以得到两个或多个事物（或数据）间关系的强弱。除此之外，若假定一个事物（或数据）为因变量，另外一个或多个事物（或数据）为自变量，可以利用数理统计方法建立因变量与自变量之间的回归关系函数表达式，这就是回归分析法。回归分析中，当研究的因果关系只涉及因变量和一个自变量时，叫作一元回归分析；当研究的因果关系涉及因变量和两个或两个以上自变量时，叫作多元回归分析。此外，回归分析中，又依据描述自变量与因变量之间因果关系的函数表达式是线性的还是非线性的，分为线性回归分析和非线性回归分析。通常，线性回归分析法是最基本的分析方法，遇到非线性回归问题时，可以借助数学手段转化为线性回归问题处理。另外，在进一步研究两个变量的相互影响关系时，可以用因果检验。这一检验可以从统计的角度上描述两个变量间的引导关系，说明两个相关的变量间的影响方向。需要指出的是，变量间存在单向引导，即甲影响乙或乙影响甲，以及互不影响，而且存在双向的引导关系，即甲、乙两个变量的互相影响。

（七）相关性分析的意义

以股票市场为例，如果投资者运用相关性分析，其意义主要有以下几个方面：首先，运用相关性分析可以有效规避市场风险。投资者可以通过相关性分析比较股票的各项特征，选择优质股票，如在大跌市中选取强势抗跌的股票进行投资，从而有效规避风险。其次，运用相关性分析可以有效判断市场发展态势，发现市场机会。在股票市场中，个股的涨跌与整个市场环境有着相当明显的关联度。大部分个股都活跃的话，整个市场也会出现较好的投资机会；反之，如果绝大多数个股都比较沉寂的话，整个市场也会处于比较低迷的状态。所以交易者可以运用相关性分析找到二者之间的关联性，这对交易者判断市场发展态势进行实际操作有较强的指导意义。

在商品期货市场中，由于产业链不同品种间有天然的内在关系，即便是不同产业链的品种，在近年来资金持续介入的情况下，也常常会出现相关性走势极为明显的行情。因此，研究好品种间相关性问题，对于交易者把握期货品种价差波动，捕捉交易机会将有极好的参考价值。比如，燃料油期货及低硫燃料油期货和WTI原油期货、新加坡相关掉期等的相关性较高，常常存在较好的套利机会。

（八）相关性的变化

通常，在金融市场中各个资产价格间的相关性，在没有经济环境或者基本面突然改变的情况下，会稳定在一个水平上，不会出现突然的变化。但是，又因为一般的相关性分析都是对过去历史数据进行的数据分析和数理统计计算，即现在统计得到两个事物（或数据）的相关性也只能反映两者在过去的这段统计期的强弱关系。因为在现实生活中很少有两个事物（或数据）仅仅相互影响或关联，或多或少地还会受到其他未知因素的影响，所以随着未来两个事物（或数据）发生变化，相关性也会发生改变。例如，2008年下半年金融海啸爆发，各资产价格均出现了大幅下跌，在这段时间内，原本相关性较弱或者不相关的资产间也呈现出了较高的相关性。从相关性公式上也能看出这点，x或y的期望值的变化，或者x与y的协方差发生了变化，都能使两者的相关性发生变化。因此，在从事以相关性分析为基础的投资时，交易者需要对相关系数有一个长期的跟踪分析。

（九）相关性的强度

一般以得出的相关系数来判断相关性的强弱。一般认为，0.3以下为弱相关，0.3~0.7为中相关、0.7~1.0为强相关。这种分类也适用于其他标准化的统计量。这些标准化的统计量的平方描述了两个变量之间的重合部分。从这个角度来看，弱相关的变量之间的重合不到10%，中相关变量之间的重合在10%～50%，强相关变量之间的重合在50%以上。

（十）相关性分析的成果应用

在确定现象之间有无相关关系以及相关关系的类型之后，对不熟悉的现象，交易者应收集变量之间大量的对应资料，用绘制相关图的方法做初步判断。从变量之间相互关系的方向看，变量之间有时存在同增同减的同方向变动，这是正相关关系；有时，变量之间存在一增一减的反方向变动，这是负相关关系。从变量之间相关的表现形式看，相关性有直线相关和曲线相关；从相关关系涉及的变量个数看，相关性还有一元相关或简单相关关系和多元相关或复相关关系。

通常，计算出的相关系数及绝对值在0.8以上就是高度相关，必要时要对相关性进行显著性检验，这样能确定现象之间相关关系的密切程度。如果现象间相关关系密切，就可根据其关系的类型，建立数学模型，用相应的数学表达式——回归方程来反映这种数量关系，这就是回归分析。

以价格相关性分析为例，价格的相关性分析描述了不同资产间价格趋势的关联程度。在高相关性的资产之间可以进一步进行比价分析，从而发现跨品种或者跨市场的套利机会。负相关明显的品种之间则存在进行对冲交易的机会，可利用对一种品种的买卖来部分对冲持有另一种资产所面临的风险敞口。同时，由于国内外存在时差，开市时间不同，在相关性较高的品种间，一个品种或者市场的走势可以成为对另一个相关品种的行情判断的依据之一。另外，即使是不相关的品种，交易也可以利用组合投资的方式，在不对期望盈利产生较大影响的前提下有效减少整个投资活动的风险。

（十一）燃料油及低硫燃料油与美元的相关性

传统上，与其他大宗商品资产一样，燃料油及低硫燃料油与美元也呈现出一定的负相关性。即燃料油及低硫燃料油价格的上涨往往伴随着美元指数的下跌，而价格的下跌却经常伴随着美元指数的上涨。然而，2020年新冠疫情发生以后，这一关系发生了变化。以近三年数据计算，国内燃料油期货与美元指数的相关系数为0.4087，而与2020年刚上市的低硫燃料油期货的相关系数高达0.8801。以美元指数的走势来判断未来燃料油期货价格的走势并不科学，原因在于两者过去虽然有负相关关系，但是之间并不存在显著的引导关系。也就是说，美元指数的变化与燃料油期货价格的变化往往是同时的，并且受到了另外一个共同因素的影响，之前美元指数的走势对未来燃料油期货价格走势的参考意义较小，更多情况下需要判断未来美元的走势，以指导燃料油期货价格的研判。

（十二）燃料油与低硫燃料油期货与美元呈现负相关后的变化

首先，美元是全世界资产的计价货币，即使资产价格本身不发生变化，美元汇率的变动也会直接影响资产价格。比如，燃料油一个月前为500美元/吨，在其本身价值不变的情况下，美元贬值20%，则当时的500美元相当于贬值后的600美元，燃料油价格也就变为600美元/吨。

其次，美元资产现在仍然是全世界公认的较为安全的资产之一，而燃料油与低硫燃料油等大宗商品则被认为是风险资产。在经济环境较差的时期，投资者风险偏好下降，会抛出风险资产转而买入避险资产，进而抬高了避险资产的价格，同时打压了风险资产的价格。同理，在经济环境较好的阶段，投资者风险偏好上升，纷纷抛售避险资产转向风险资产，使风险资产的价格上升、避险资产的价格下降。因此，在这样的市场环境中，燃料油与低硫燃料油的价格也会与美元指数呈反向波动。

新冠疫情暴发初期，全球恐慌，避险需求增强，推动了美元走强，然后又由于各国宽松的货币政策，美联储开始不断释放加息信号，货币政策将大幅缩紧的预期推动美元指数进一步上行。而疫情对于大宗商品的冲击则导致以上两个原因无法对燃料油价格发挥作用。在疫情恐慌消退过程中，油品供需恢复节奏不匹配，导致整个油品系价格迅速恢复至疫情前水平，之后又受到宏观地缘事件冲击，推动其价格达到历史高位。因此，上文提到的通胀和风险偏好因素，在油品价格波动中影响较小，而油品价格和美元指数又恰好各自都处于整体上行阶段，使两者在疫情以来整体呈现正相关。

二、原油期货与燃料油及低硫燃料油期货的相关性如何？

虽然布伦特原油期货在ICE期货交易所上市交易，并且以美元计价，但与上海燃料油及低硫燃料油期货之间的相关性仍然非常高。通过对2019年9月至2022年9月的每日数据进行分析，燃料油期货与布伦特原油的相关性高达96.41%，低硫燃料油期货上市以来与布伦特原油的相关性也高达97.23%，其中还要考虑这两个品种的交易时间有时差，可以说，国内燃料油期货与原油期货价格的运行趋势呈现了高度的一致性（见表6－1）。

表6－1 燃料油期货与原油期货相关性（2019年9月至2022年9月）

品种	SC原油	布伦特原油
SHFE燃料油	0.9312	0.9641
INE低硫燃料油	0.9817	0.9723

回顾2019—2022年的原油期货及燃料油的价格走势，国际原油价格2019年整体呈现高位震荡，但由于受到全球海运限硫令实施的影响，燃料油期货主力合约从2019年中的3000元/吨跌至11月最低1500元/吨。2020年后，原油价格在新冠疫情影响下呈现先跌后涨的走势，并开启了长达2年的牛市。在此期间，燃料油期货与原油期货价格一同在2020年4月见底，之后一路上涨。国际油价从最低20美元/桶附近涨至120美元/桶以上，同期，上海燃料油期货主力合约价格从最低1500元/吨上涨至4500元/吨，低硫燃料油期货由于在2020年6月上市，上市后便呈现长期上涨趋势，由上市初期的2500元/吨上涨至最高6800元/吨。可以看出，新冠疫情后的牛市行情中低硫燃料油涨幅高于高硫燃料油，主要因为全球成品油链条呈现出炼厂利润不断走高的特征，主、副产品裂解价差不断走阔，但毫无疑问，燃料油与低硫燃料油期货的波动节奏都与原油期货高度联动。

（一）原油期货和燃料油及低硫燃料油期货的相关性

燃料油和低硫燃料油是原油的直接下游产品。原油价格的变动直接影响了燃料油与低硫燃料油的生产成本，从而作用于价格。当前，原油作为全世界经济发展不可或缺的资源，其价格也反映出全世界经济活动的状况。2000年之后，期货基金开始进入高速发展期，越来越多的非商业资本和投机资金参与到大宗商品市场中，商品的金融属性开始加强，联动性也随之上升。原油期货价格和燃料油及低硫燃料油期货价格的高相关性，除了有其产业链的原因，非产业资金参与度的上升也是主要原因之一。

（二）原油期货和燃料油及低硫燃料油期货是否完全正相关

燃料油或低硫燃料油期货与原油期货的价格并没有呈现完全的正相关（例如相关系数为1）。事实上，任何上下游产品的价格都不会呈现完全正相关，原因在于不同品种有自己特有的基本面，很难找到两个供需完全一致的产品。另外，在对原油的提炼过程中会产生许多其他产品，如汽油、柴油等，其他产品的价格波动对整体石油提炼的利润影响巨大，燃料油或低硫燃料油作为下游产品中的一个，其价格同时会受到其他下游产品的影响。

（三）原油期货和燃料油及低硫燃料油期货的相关性特征产生的投资机会

首先，原油期货价格与燃料油及低硫燃料油期货价格较高的相关性使这两个品种间的套利成为可能。通过进一步的比价分析，可以得到两者价格的合理比价区间，在价格走势出现相背离的情况下，比价会出现变化，当比价超出了合理的区间时，两品种间就会出现套利的机会。基于原油期货价格与燃料油或低硫燃料油期货价格的高相关性，比价回到合理区间范围的可能性极高，因此，抛空价格过高的品种，买入价格较低的品种的套利操作方式可以获得一定的低风险利润。

其次，原油期货价格与燃料油或低硫燃料油期货价格的高相关性也为对冲交易留下了一定的空间。交易者可以通过对某一品种的买入或卖出，对冲所持有的另一品种的相反方向头寸的风险。例如，如要对冲持有的燃料油及低硫燃料油期货多头头寸的价格下行风险，可以抛空原油期货；如要对冲持有的燃料油及低硫燃料油期货空头头寸的价格上行风险，则可以买入原油期货。与套利交易不同的是，对冲交易两个品种的持有头寸数量并不一定是严格对应的。对整体市场的判断以及对风险的承受能力及意愿都会影响交易者持有头寸的数量，交易者可以留出部分敞口。

另外，随着上海原油期货的上市并顺利运行，原油期货与燃料油及低硫燃料油期货之间的套利可规避时差和汇率等因素，使套利操作变得更为方便与可行。

三、商品期货市场哪些品种与燃料油及低硫燃料油期货有相关性？

众所周知，上游资产的价格波动会在很大程度上影响下游产品的价格。燃料油及低硫燃料油与化工类产品同为原油的下游产品，原油价格的波动会直接影响相关产品的生产成本。当两个资产的价格同时受到同一因素的影响时，其价格间也会出现较强的相关性。

此外，随着投资机构以及投机资金的介入，目前，大宗商品的金融属性开始显现，并且有逐步加强的趋势。在这样的背景下，各个品种的价格除了受到其本身的基本面的影响外，同时受到了整个宏观经济、资金面等共有因素的影响，不同的资产价格间的联动也开始加强。另外，随着科学技术的进步，看似不相关的品种间的替代性会逐步加强。例如生物能源的发展使玉米等农产品价格与能源类品种价格的联动性加强，相关性也上升了。所以，目前，国内燃料油及低硫燃料油期货不仅与汽油、石油、PTA、PVC 等存在一定的相关性，而且与其他品种如铜、螺纹钢，甚至与股市等都存在一定的相关性。但是，由于非石油化工类产品与燃料油及低硫燃料油的基本面存在差异，其相关性也比与石油化工类品种的相关性差。

四、燃料油及低硫燃料油期货价格与能源价格的引导方向及意义是什么？

我们已经知道，燃料油及低硫燃料油期货的价格与其他石化类期货品种的价格存在较高的相关性，但通过进一步的分析，我们发现，燃料油及低硫燃料油期货的价格在事实上被其他能源品种的期货品种的价格所引导。例如，原油期货价格、汽油期货价格，柴油期货价格甚至取暖油期货价格对燃料油期货都存在一定的引导作用，燃料油及低硫燃料油期货的价格却对其他能源品种没有显著的引导作用，这种相关性主要是单方向影响的结果。出现这种相关性引导关系的原因主要是燃料油本身更像是其他产品生产和提炼过程中的附属产品或中间产品，这就造成了炼油企业一般不会也不可能单独生产燃料油。因此，燃料油的产量受到汽油、柴油等其他产品的生产状况的影响较大。也正因为如此，燃料油及低硫燃料油期货的价格容易被其他能源类期货品种的价格引导。另外，相比于原油等能源类品种，燃料油及低硫燃料油的资金关注度相对较低，从资金联动的角度上说，燃料油及低硫燃料油期货的价格比较偏向于“跟风”原油期货等大品种的价格。

相对于相关性分析，引导关系检验不仅对两个变量之间的联动关系进行了表达，更说明了两个变量间的因果关系和影响的方向。相关性更多地反映出同时发生的行情，不能以一个品种的历史或者当前走势判断另一个品种的走势。但是经过引导关系检验，并且在统计上和基本面上都被证明某一品种对另一品种存在引导关系的情况下，交易者可以通过一个品种的当前走势，对另一被引导的品种的后市进行一定程度的判断。需要注意的是，与相关性分析一样，这种引导发生的概率是较大的，因此，引导关系分析可以作为行情判断的依据之一。例如，原油期货价格对燃料油及低硫燃料油期货价格存在一定的引导作用，因此，在判断燃料油期货价格的未来走势的时候，原油期货价格就是重要的判断依据之一。

五、如何使用低相关性的品种来帮助交易者降低投资风险？

投资组合理论提出，在多元化的投资组合中配置资产可以有效地降低整个投资组合的风险，同时指出这一理论成立的前提条件是组合中配置的各个资产价格间的相关性必须较低。需要指出的是，此处所谓的低相关性，是指资产间的相关性接近于零，而不是负相关。原因在于，低相关性资产的价格运行没有关联性，因此整个组合收益的波动性会弱于单个资产收益的波动性，同时可获得各个资产的期望收益。因此，使用低相关性的品种来进行组合投资可以有效地降低投资风险。

自测题

一、单项选择题

1. 以下关于相关性描述，错误的是（　　）。

A. 相关关系是变量之间存在不确定、不严格的依存关系

B. 对于变量的某个数值，可以有另一变量的若干数值与之相对应

C. 能用一个确定的函数公式来描述

D. 相关性是指事物之间的相互关系，一般用相关系数来表示，主要通过大量的观测，取得足够的实际观察资料，运用数理统计方法，研究客观事物间的相互关系、相互联系的性质和表现形式以及联系的密切程度等

2. 以下关于相关系数的理解，正确的是（　　）。

A. 相关系数是用来计算变量之间相关程度的指标，取值范围为 0 至 1 之间，相关系数 r 越大，说明变量之间联系越紧密；反之，相关系数 r 越小，则说明变量之间联系越不紧密

B. 若相关系数 =0，则 x 及 y 的变动完全相关的，当 x 上升（或下降）1% 时，y 也做同方向相同幅度 1% 的上升（或下降）

C. 比较情况一（相关系数 =0.1）及情况二（相关系数 =0.25），则在情况二（相关系数 =0.25）之下，x 及 y 的互动关系比在情况一（相关系数 =0.1）下的互动关系更接近于不相关

D. 若相关系数介于 0 到 1，则 x 与 y 的变动呈现相同方向的变动，但不会有一对一的正向变动。当相关系数越接近于 1，两者的变动越接近于一对一的（完全）正向变动

3. 以下关于负相关描述，错误的是（　　）。

A. 依照两种变量变动的方向，相关性有正相关、负相关和无相关（零相关）

B. 负相关是一种变量增加或减少，另一种变量也在减少或增加，两种变量变动的方向相反

C. 从定量角度来看，当相关系数接近于 0 时，说明变量之间为负相关

D. 若相关系数介于 -1 到 0，则 x 与 y 的变动呈现相反方向的变动（负相关），但不会有一对一的相反变动。当然，相关系数越接近于 -1，两者的变动越接近于一对一的（完全）相反变动，即越接近相关系数 = -1 的变动情况

4. 以下关于相关性描述，错误的是（　　）。

A. 运用相关性分析可以有效规避市场风险和有效判断市场发展态势，发现市场机会

B. 一般的相关性分析都是对当前的数据进行数据分析和数理统计计算，相关性能反映两者在未来的强弱关系

C. 随着未来事物发生变化，相关性会发生改变

D. 一般以得出的相关系数来判断相关性的强弱，一般认为 0.7～1.0 为强相关。这种分类也适用其他标准化统计量，强相关变量之间的重合在 50% 以上

5. 关于相关性的运用，以下表述错误的是（　　）。

A. 可以利用相关性分析，进一步利用比价、价差分析等找出套利机会

B. 即使两个资产价格之间是负相关的关系，也存在这样的套利、对冲

等操作机会

C. 两个资产的价格如果相关性较低或者不相关，说明其价格走势的关系是随机的，这个资产的组合投资没有任何意义

D. 由于国内外客观存在时差，相关性较强的品种间，一个品种的行情走势可以成为对另一个品种走势的判断依据之一

6. 以下对燃料油期货价格与原油期货价格存在高相关性的解释，错误的是（　　）。

A. 原油与燃料油之间存在替代性，因此当一个品种的价格上涨时，会带动另一个品种的价格上涨

B. 原油是燃料油的上游产品，原油价格的变动会影响燃料油的生产成本，因此两个品种间存在较高的相关性

C. 金融机构、投机资金等对期货市场的参与度越来越高，使各个品种的价格变动对宏观经济这一因素越来越敏感，这也加强了品种间的相关性

D. 市场上几乎所有的投资者都认识到原油期货价格与燃料油期货价格存在高相关性，因此投资者的心理作用也会在一定程度上加强品种间的相关性

7. 以下关于利用原油期货价格和燃料油期货价格的高相关性进行投资，表述正确的是（　　）。

A. 对于不能直接交易原油期货的投资者来说，原油期货价格与燃料油期货价格间的高相关性没有任何实际意义

B. 原油期货价格上涨，燃料油期货价格就一定会上涨，因此可以用原油期货价格的走势来判断燃料油期货价格的走势，从而进行投资

C. 同时同向地买入或者卖出原油期货和燃料油期货可以对冲风险，降低持仓风险

D. 可以利用原油期货价格与燃料油期货价格的高相关性进行套利操作，以获得低风险利润

8. 引导关系检验描述的是两个变量之间的（　　）。

A. 变动幅度关系　　　　B. 联动性关系

C. 因果关系　　　　D. 协整关系

9. 引导关系检验对于投资的意义在于（　　）。

A. 可作为行情判断的依据之一　　B. 提供无风险的套利机会

C. 进行套期保值的基础　　D. 没有意义

10. 燃料油被其他化工产品引导的原因，错误的是（　　）。

A. 燃料油是整个炼油产业链中的最后一道产品

B. 原油作为燃料油的上游产品，其价格变化直接影响了燃料油的生产成本

C. 燃料油资金关注度相对较低，容易出现“跟风”行情

D. 燃料油可替代其他品种

11. 下列对于低相关品种构建投资组合的表述，错误的是（　　）。

A. 组合式投资可以分散风险的前提条件是组合中的各个资产（品种）的相关性要低

B. 相关系数接近于0，则可以认为两个资产价格间的相关性低，不一定要负相关

C. 投资组合中的资产（品种）的相关性低，会导致整个组合的收益波动率下降

D. 使用低相关性的品种构建投资组合可以有效地提升投资组合的整体期望收益

12. 以下对于燃料油期货与其他品种的相关性表述，错误的是（　　）。

A. 燃料油期货与能源类期货在价格上有较强的相关性

B. 燃料油期货价格与其他非能源类期货价格不存在相关性

C. 燃料油期货价格与其他非能源类期货价格也存在相关性

D. 非产业资金的介入以及科技的发展都是燃料油期货价格与其他非能源类期货品种价格相关性上升的原因

13. 以下关于上海期货交易所燃料油期货价格与新加坡商品交易所燃料油纸货价格的相关性表述，错误的是（　　）。

A. 两地的燃料油纸货价格的相关性极高的主要原因是两地的文化相近

B. 两地的燃料油纸货价格的高相关性是因为两地的燃料油期货的标的物接近

C. 新加坡商品交易所燃料油纸货价格与上海期货交易所燃料油期货价格的联动性很强

D. 新加坡商品交易所380燃料油纸货与上海期货交易所燃料油期货的标的物较为相近

14. 以下关于上海期货交易所的低硫燃料油期货价格与新加坡0.5%的燃料油掉期的相关性表述，正确的是（　　）。

A. 新加坡0.5%的燃料油掉期与上海低硫燃料油期货的相关性很低

B. 国内期货品种中，长期来看，与新加坡0.5%的燃料油掉期走势相关性最高的是上海燃料油期货

C. 两地价差波动主要是两地基本面不同造成的

D. 上海低硫燃料油期货价格对新加坡0.5%的燃料油掉期长期存在引导关系

15. 关于相关性的变化，下列说法正确的是（　　）。

A. 相关性是两个变量间的关系，因此是一成不变的

B. 相关性虽然是可以变化的，但是不会从正相关变成负相关，也不会从负相关变成正相关

C. 依照选取的周期不同，两个变量间的相关性也会出现一定的变化

D. 选项A、B、C都不对

二、判断题

1. 若相关系数=0，则x及y的变动是不相关的，x进行自己的变动，与y的变化不会有任何联动的关系。（　　）

2. 若两个变量的相关系数小于0.5，说明两个变量的变化方向相反，此时，一个变量的增大会引起另一个变量的减小。（　　）

3. 相关分析需要区分自变量和因变量。（　　）

4. 以美元指数的过去走势来判断未来燃料油期货价格的走势是科学的。（　　）

5. 原油期货价格与燃料油期货价格的高相关性除了有其产业链的原因，非产业资金参与度的上升也是主要原因之一。（　　）

三、填空题

1. 社会经济形象之间存在大量的相互联系、相互依赖、相互制约的数

量关系。这种关系可分为两种类型：一类是________，另一类是________。

2. 相关系数是用来计算变量之间相关程度的指标，两个随机变量 x、y 的相关系数永远介于__________到__________之间。

3. 回归分析中，当研究的因果关系只涉及因变量和一个自变量时，叫作__________；当研究的因果关系涉及因变量和两个或两个以上自变量时，叫作__________。

4. __________可以从统计的角度上描述两个变量间的引导关系，说明了两个相关的变量间的影响方向是如何的。

5. 低相关性的资产，其价格运行没有关联性，因此整个组合收益的________会小于单个资产收益的波动性，同时获得各个资产的________。

参考答案

一、单项选择题

1. C　2. D　3. C　4. B　5. C　6. A　7. D　8. C　9. A
10. D　11. D　12. B　13. A　14. C　15. C

二、判断题

1. √　2. ×　3. ×　4. ×　5. √

三、填空题

1. 函数关系；相关关系
2. －1；1
3. 一元回归分析；多元回归分析
4. 因果检验
5. 波动性；期望收益

后　记

本书是专为期货交易者编写的一本普及性读物，适合于燃料油产业链企业和普通交易者阅读。

本书注意实用性、趣味性，以通俗易懂的语言、鲜明生动的案例将理论知识简单化，避免了理论知识阐述过程中的呆板僵硬。对燃料油产业链企业而言，本书具有指导实务操作的作用，书中包含了大量套期保值、套利、风险管理的应用型案例，对企业应用燃料油期货与低硫燃料油期货有一定借鉴意义。对于普通交易者而言，本书通过一问一答的形式，由浅入深地剖析了燃料油期货、低硫燃料油的基本面和技术面，有助于交易者快速了解燃料油和低硫燃料油市场。

与证券、债券等金融工具相比，期货作为风险管理工具，专业性强，杠杆率高，风险大，这在客观上要求交易者具备一定的专业投资知识、经济实力以及风险承受能力。“期市有风险，入市需谨慎！”

本书由于篇幅限制，无法尽述相关实体企业及交易者在期货市场上可能面临的所有具体情况，不管是实体企业还是普通交易者，参与期货市场，都务必结合自身需求，制定科学合理的交易策略。企业参与套期保值要避免变成投机，普通交易者要严格评估自身能力，尽可能地熟悉并掌握交易品种的市场特点及操作技巧，并严格控制交易规模，避免遭受不必要的损失。

作为《期货交易者教育系列丛书》之一，本书由中国期货业协会组织编写，国投安信期货有限公司李云旭、李海群、李祖智、王盈敏承担了本书的具体编写任务。上海期货交易所对本书书稿进行了审阅并提出了宝贵建议。

本书在《燃料油》的基础上修订而来，在此感谢《燃料油》编写人员上海东证期货有限公司林慧、郭华、何晶、应昊良、黄斯琪、徐珏、孟佳、黄帅、杨卫东、王爱华、鲍红波、陆兼勤、林子苏等同志在之前图书编写过程中作出的杰出贡献。本书在编写过程中还得到了中国证监会期货司、上海期货交易所和国投安信期货有限公司领导的指导和帮助，在此表示衷心的感谢！书中的错误之处，敬请批评指正。

中国期货业协会《期货交易者教育系列丛书》编委会

2024 年 4 月

书单
FUTURES

一、系列

序号	系列
(一)	期货交易者教育系列图书
(二)	金融衍生品系列丛书
(三)	中国期货业发展创新与风险管理研究
(四)	中国期货市场年鉴
(五)	“讲故事　学期货”金融国民教育丛书
(六)	全国期货从业人员资格考试参考用书
(七)	服务实体经济系列
(八)	期货投资者保护丛书
……	……

二、明细

(一) 期货交易者教育系列图书

序号	书名	书号
1	铜期货	978-7-5223-0293-5
2	精对苯二甲酸（PTA）期货	978-7-5223-1405-1
3	玉米期货	978-7-5223-2467-8
4	铝	978-7-5095-3181-5
5	小麦	978-7-5095-3183-9
6	锌	978-7-5095-3190-7
7	线型低密度聚乙烯（LLDPE）	978-7-5095-3184-6
8	早籼稻	978-7-5095-3076-4

续表

序号	书名	书号
9	棉花期货	978-7-5223-2276-6
10	燃料油期货	978-7-5223-2659-7
11	聚氯乙烯	978-7-5095-2592-0
12	棕榈油	978-7-5095-2589-0
13	黄金	978-7-5095-2532-6
14	白糖期货	978-7-5095-8814-7
15	豆类期货	978-7-5095-8815-4
16	焦煤焦炭期货	978-7-5223-2286-5
17	乙二醇期货	978-7-5223-1645-1
18	铅	978-7-5095-4086-2
19	鸡蛋期货	978-7-5095-5803-4
20	铁矿石期货	978-7-5095-5809-6
21	纤维板、胶合板期货	978-7-5095-5810-2
22	石油沥青期货	978-7-5095-5816-4
23	菜籽系期货	978-7-5095-5743-3
24	白银期货	978-7-5095-5955-0
25	玻璃期货	978-7-5095-5697-9
26	动力煤期货	978-7-5095-5802-7
27	稻谷期货	978-7-5095-5826-3
28	原油期货（第二版）	978-7-5223-2342-8
29	苹果期货	978-7-5223-0455-7
30	花生期货	978-7-5223-0967-5
31	生猪期货	978-7-5223-0851-7
32	天然橡胶期货	978-7-5223-1184-5
33	钢材期货	978-7-5223-1175-3
34	甲醇期货	978-7-5223-1295-8
35	纸浆期货	978-7-5223-1277-4
36	纯碱期货	978-7-5223-2285-8
37	镍与不锈钢期货	978-7-5233-2488-3
38	锡期货	978-7-5223-2660-3
39	液化石油气期货	978-7-5223-2931-4
……	……	……

（二）金融衍生品系列丛书

序号	书名	书号
1	股指期货（第二版）	978-7-5095-9432-2
2	场外衍生品（第二版）	978-7-5095-9596-1
3	国债期货（第二版）	978-7-5095-9601-2
4	金融期权（第二版）	978-7-5095-9598-5
5	外汇期货（第二版）	978-7-5095-9597-8
6	结构化产品（第二版）	978-7-5095-9600-5
7	金融衍生品习题集（第二版）	978-7-5095-9599-2

（三）中国期货业发展创新与风险管理研究

序号	书名	书号
1	中国期货业发展创新与风险管理研究（8）	978-7-5095-6907-8
2	中国期货业发展创新与风险管理研究（9）	978-7-5095-7523-9
3	中国期货业发展创新与风险管理研究（10）	978-7-5095-8144-5
4	中国期货业发展创新与风险管理研究（11）	978-7-5223-0213-3
5	中国期货业发展创新与风险管理研究（12）	978-7-5223-1483-9
6	中国期货业发展创新与风险管理研究（13）	978-7-5223-2215-5
……	……	……

（四）中国期货市场年鉴

序号	书名	书号
1	中国期货市场年鉴（2015年）	978-7-5095-6924-5
2	中国期货市场年鉴（2016年）	978-7-5095-7503-1
3	中国期货市场年鉴（2017年）	978-7-5095-8331-9
4	中国期货市场年鉴（2018年）	978-7-5095-9079-9
5	中国期货市场年鉴（2019年）	978-7-5095-9869-6
6	中国期货市场年鉴（2020年）	978-7-5223-0640-7
7	中国期货市场年鉴（2021年）	978-7-5223-1500-3
8	中国期货市场年鉴（2022年 中文版）	978-7-5223-2380-0
9	中国期货市场年鉴（2022年 英文版）	978-7-5223-2381-7
……	……	……

（五）“讲故事 学期货”金融国民教育丛书

序号	书名	书号
1	走进期货	978-7-5095-7095-1
2	如何进行期货交易	978-7-5095-7092-0
3	期货的套保和套利	978-7-5095-7093-7
4	期货交易中的“规矩”	978-7-5095-4355-9
5	金属期货	978-7-5095-7087-6
6	农产品期货	978-7-5095-7104-0
7	能化期货	978-7-5095-7088-3
8	金融期货	978-7-5095-7094-4
9	期权	978-7-5095-7217-7
10	场外衍生品	978-7-5095-7091-3

（六）全国期货从业人员资格考试参考用书

序号	书名	书号
1	期货及衍生品基础（第三版）	978-7-5223-1005-3
2	期货法律法规与职业道德（第二版）	978-7-5223-2897-3
3	期货及衍生品分析与应用（第四版）	978-7-5223-0998-9

（七）服务实体经济系列

序号	书名	书号
1	期货行业主力复工复产案例集	978-7-5223-0168-6
2	期货服务实体经济案例集	978-7-5095-8029-5
……	……	……

（八）期货投资者保护丛书

序号	书名	书号
1	期海导航——期货投资常识与基础知识	978-7-5223-1045-9
2	期海护航——期货交易者合法权益保护	978-7-5223-1531-7

咨询电话：010-88190912

咨询邮箱：jiayanping@cfemg.cn